Peter Wust · Philosophisches Lesebuch

D1932089

Peter Wust

# PHILOSOPHISCHES LESEBUCH

Ausgewählt und eingeleitet
von
Walter Rest

1984

VERLAG REGENSBERG MÜNSTER

Herausgeber und Verlag danken der »Gesellschaft zur Förderung der Westfälischen Wilhelms-Universität zu Münster E. V.« und dem Landschaftsverband Westfalen-Lippe für die finanzielle Unterstützung der Drucklegung.

ISBN 3-7923-0509-7

© 1984 by Verlag Regensberg Münster
Gesamtherstellung Regensberg Münster

Gestaltung des Schutzumschlages:
Graphik Design Monshausen

# Inhalt

# Zum Vorverständnis

*Peter Wust, der hier in einem »Lesebuch« mit Texten aus seinem umfangreichen Werk zum informativen Mitphilosophieren einladen soll, wird in den einschlägigen Lexika als »Vertreter einer philosophisch vertieften katholischen Weltanschauung« eingestuft. In diesem Sinne war Wust als »bekennender« Philosoph aber erst in seinen letzten Werken deutlich zu erkennen. Seine Hauptwerke sind der Philosophie der 20er und 30er Jahre unseres Jahrhunderts zuzurechnen. Vehement tritt er hier als Kritiker der Neukantianischen Schulphilosophie auf.*

*In diesen Jahren, vornehmlich in Köln, entwickelte sich eine enge Freundschaft mit Max Scheler, auch verkehrte er hier in einem Kreis christlicher Intellektueller und Theologen und knüpfte Kontakte mit französischen Schriftstellern der katholischen Erneuerungsbewegung (Renouveau Catholique), was ihn veranlaßte, eine ähnliche Entwicklung in Deutschland anzustreben. Hierzu war seine berufliche Tätigkeit an einer höheren Schule oder als freier Mitarbeiter in Zeitungen und Zeitschriften nicht wirksam genug, obwohl sich Wust durch seine Vorträge bekannt machen konnte und sein Name eine geistige Erneuerung der neuscholastisch eingeklemmten Akademiker einleiten mochte. Es ist schwer zu beurteilen, inwieweit das gelang. Wust setzte daher schon früh an, eine andere Position zu erreichen, nicht seiner Person wegen, sondern im Blick auf die Aufgabe, die er sich gestellt hatte. Immer wieder bemühte er sich um einen Lehrstuhl an einer Universität.*

*Aber im ersten Viertel des 20. Jahrhunderts waren die Philosophie-Lehrstühle im Deutschen Reich fest in der Hand von Neukantianern, mit denen er sich ja gerade angelegt hatte. In Marburg, Heidelberg u. a. bildeten sich die sogenannten »Schulen«, die sich gegen alle Metaphysik und spekulative Philosophie wandten. Außerdem erstarkte eine andere Strömung, die der Philosophie neue Bereiche und Methoden erschloß, die Phänomenologie (Husserl, Scheler, Heidegger), und auch die Ontologie (Nicolai Hartmann u. a.) gewann wieder Einfluß. Es kann hier nur sehr verkürzt auf diese Situation verwiesen werden, auch darf man die ungesicherten politischen Lebensverhältnisse im Hintergrund nicht vergessen. In solchem »Terrain« einen Weg zu finden, war gewiß nicht leicht.*

*Wer sich in dieses Konzert einbringen wollte, mußte schon gezielt ein Thema anschlagen, das dieser großartigen Symphonie entsprach. Das gelang Wust mit seiner ersten großen Veröffentlichung im philosophisch sehr angesehenen Verlag von Felix Meiner, Hamburg, unter dem provozierenden Titel: »Auferstehung der Metaphysik« (1920).*

*Man kann sich heute kaum vorstellen, welche Wirkung damals von diesem Titel ausging; er rüttelte für einen Moment an den Kathedern der Philosophie in fast allen deutschen Universitäten, aber es bewegte sich dennoch nichts. Eher bildete sich eine Phalanx, um zu verhindern, daß dieser »Sturmwind« hier einbrechen könnte.*

*Die nachfolgenden Buchveröffentlichungen von Peter Wust über »Naivität und Pietät« (1925) im ebenfalls philosophisch angesehenen Verlag von I. C. B. Mohr (Paul Siebeck) in Tübingen und das groß angelegte Werk »Die Dialektik des Geistes« (1928) im Benno Filser-Verlag, Augsburg, sicherten ihm einen Platz in der philosophischen Literatur jener Zeit, so daß Wust seinen Anspruch auf ein Katheder in einer deutschen Universität immer deutlicher vertreten konnte.*

*Er hätte dieses Ziel nie erreicht, wenn sich nicht an der Universität Münster eine »politische« Konstellation geboten hätte; denn die offiziellen Ordinariate waren, wie oben schon angedeutet, fest in den Händen der Neukantianer und deren Nachfolger.*

*In Münster war 1930 ein Ordinariat frei geworden, das gleichsam im Hinblick auf die katholischen Theologiestudenten nur in Vereinbarung mit der katholischen Kirche besetzt werden konnte (Konkordats-Lehrstuhl). Der damalige sozialdemokratische Kultusminister Grimme in Preußen hatte die Möglichkeit, nach einer vorliegenden Liste die Berufung von sich aus zu vollziehen, also ohne die Universität zu fragen. Er wählte, aus welchen Gründen auch immer, Peter Wust, ohne eine sonst übliche Prozedur der näheren Rückfrage, also ohne die philosophische Fakultät zu fragen. Das gab zunächst einen Eklat. Aber der Minister hatte seine legitimen Möglichkeiten ausgeschöpft, und vom ersten Tage des Wintersemesters 1930/31 an waren die Lehrveranstaltungen dieses neuen Philosophen von einer großen Hörerschaft besucht, der Erfolg zeichnete sich ab. –*

*Die Erinnerung an dieses kometenhafte Auftauchen eines Hochschullehrers, der philosophierend Philosophie dozierte und von seinen Hörern erwartete, daß sie mitphilosophierten, indem sie angestrengt zunächst einmal zuhörten, weist auf eine Art Ansteckung hin: große Stille für dreißig Minuten, in den ersten fünfzehn Minuten wurde eine Kurzfassung der vorangegangenen Vorlesung diktiert. Man hatte dann also ein autorisiertes Protokoll und war der Mühe enthoben, während der eigentlichen Vorlesung mitzuschreiben, dafür konnte man mitphilosophieren.*

*Solchen »Diktaten« ähneln die hier aus dem Gesamtwerk aneinandergereihten Kapitel. Der Herausgeber weiß um die Problematik einer solchen »Vorstellung«. Es sind Szenen aus einem großen geistigen Spiel, die aber »repräsentativ« genannt werden können. Wir möchten den Wust-Verehrer und die »Neulinge« nicht über den Philosophen belehren, sondern echte, d. h. unbehandelte Kostproben anbieten, in der Hoffnung, daß dadurch einige wichtige Gedanken, die unseren Philosophen bewegten, aufgenommen und selbständig verarbeitet werden können.*

*Wem das Werk von Peter Wust, vielleicht durch die Lektüre dieses »Philosophischen Lesebuches« mit den originalen Texten, interessant geworden ist, sollte sich mit dem Gesamtwerk (Verlag Regensberg, Münster 1963 ff.) einlassen oder mit seinem letzten bedeutsamen Buch beginnen, das sich bis heute im Buchhandel behaupten konnte: »Ungewißheit und Wagnis« (Kösel Verlag, München, 7. Auflage 1962). Von diesem Buch her kann man Peter Wust wohl zutreffend einen »Christlichen Existenzphilosophen« nennen.*

*Bei unserem Versuch, einen möglichen Zugang zum Gesamtwerk zu weisen, soll abschließend nicht vergessen werden, daß unser Philosoph am Ende seines Lebens eine Maxime hinterlassen hat, die man nicht unterschlagen darf, sie findet sich in jenem »Abschiedswort«, mit dem wir unser Lesebuch beschließen. Die letzten Tiefen der Ein-Sicht gewinnt man nicht in der philosophischen Reflexion, sondern im Gebet: Oro ut intelligam!*

## Was ist Wirklichkeit?

*Eine der ersten Fragen und eine bleibende Frage der Philosophie ist die nach der Wirklichkeit. Die Antworten sind von den Vorsokratikern an durch die ganze abendländisch-europäische Philosophiegeschichte bis Nietzsche und über ihn hinaus bis in unsere Tage vielfältig. Gleich auf der ersten Seite des folgenden Kapitels gibt Peter Wust dieser Frage die Gegensätzlichkeit von Sein und Sollen als entscheidendes Merkmal, ein »wohltätiges Wesensgesetz der Welt«, von »tragischer Größe und Schönheit des Lebens«. Es ist bezeichnend für diese Zeit (etwa um 1920), die Erschütterung des Ersten Weltkrieges noch überall spürbar, daß hinter der zerstörenden Kraft »schuldhafter Besonderung« nach der »kosmischen Harmonie« gesucht wird. Nietzsche wird hier in seiner prophetischen Rolle auch für unsere Zeit aktuell. Wirklichkeit ist die von menschlichem Willen gewirkte Vereinigung der Gegensätze (coincidentia oppositorum), in der irdische Größe und Schuld miteinander verschmelzen. Ob Wust nach dem Zweiten Weltkrieg dieses Thema noch so angesprochen hätte, muß indes bezweifelt werden. Aber in seiner analytischen Reflexion ist schon alles da, was uns auch heute bewegt. Der Text liest sich wie ein philosophisches Essay aus unserer Zeit.*

(Quelle: GW Bd. I, S. 213–226)

## Aus: »Metaphysik des Geistes«, 4. Kapitel

Eines der größten Rätsel des Weltzusammenhangs ist der Gegensatz von *Sein* und *Sollen*. Dieser Gegensatz wird jedoch meist zu sehr durch die Brille des Ethikers betrachtet. In Wirklichkeit nämlich zieht er sich durch den ganzen Bereich der Kultur hindurch. Denn er ist eigentlich jener klaffende Widerspruch, der sich zwischen der urbildlichen und der nachbildlichen Sphäre bemerkbar macht, wie ihn uns Emil Lask auf dem Gebiet des Denkbaren aufgedeckt hat. In seiner weitesten Bedeutung genommen, über den Bezirk des Denkmöglichen hinaus auf das ganze Seinsgebiet ausgedehnt, bedeutet er den Gegensatz zwischen Innen und Außen, zwischen Tiefe und Oberfläche, zwischen Kraft und Form. Es liegt im Wesen der sichtbaren, inkarnierten Welt, daß sie mit ihren Wirklichkeitsformen nicht imstande ist, die Urformen selbst, das unsichtbar Geistige, sichtbar und greifbar zu gestalten. Und doch liegt in diesem Widerspruch ein wohltätiges Wesensgesetz der Welt. Denn auf ihm beruht eigentlich erst die unendliche Formkraft des Lebens, das sich immer wieder selbst zerbricht, um sich täglich neu zu formen. Auf ihm beruht erst die sieghafte Unermüdlichkeit, die ganze tragische Größe und Schönheit des Lebens, die nie ersterbende Unruhe, die »inquiétude poussante«, an der schwache Naturen zerschellen, starke Geister aber sich

aufraffen und erbauen, um das eigene Gesetz ihres Daseins als ein Glied in die endlose Kette der Kultur einzuschmieden. Und insofern ist jener Gegensatz von Sollen und Sein die enge Verbindung von Unendlichkeit und Endlichkeit, die jeder schaffende Geist und jede selbstschöpferische Zeit in ihrer engen notwendigen Zusammengehörigkeit erst erkannt haben müssen, um zwischen den Klippen von Reaktion und Liberalismus ihr eigenes Lebensschifflein mit meisterhafter Lenkung hindurchzusteuern.
Das große Gesetz der *schuldhaften Besonderung*, der schaffenden und zugleich auch zerstörenden Einseitigkeit, läßt aber in der geschichtlichen Entwicklung selten oder nie den Einklang zwischen diesen beiden Polen des geistigen Lebens sich herstellen. Und so offenbart uns denn die Geschichte der Zeitalter ein eigenartiges Wechselspiel. Es gibt nämlich Epochen des Geistes, die einseitig erfüllt sind von der Begeisterung für jene *absoluten Formen*, und wieder andere Epochen, deren ganze Liebe der vorwärtsdrängenden *Lebenskraft* gilt, jener Kraft, der die Form als ein Anderes, als das Gesetz der Begrenzung, einwohnt. Der Unterschied ist eigentlich nicht gar so groß, wie er von vornherein scheinen möchte. Er liegt darin, daß die einen auf die absoluten Urformen hinschauen, sie in ihrer letzten Vollendung im Reiche der still in sich ruhenden Idealwelt visionär ergreifen. Aber über dieser Schau des Idealreiches, das den Wechsel und die Erschütterung der Endlichkeit nicht kennt, vergessen sie die Wirklichkeit. Das *Sollen* erscheint ihnen bereits so greifbar nahe, daß sie das Sein nicht mehr unter sich sehen, über dessen Zerklüftung hinaus

sie sich in ätherische Höhen haben emportragen lassen. Sie sind kontemplative Naturen, die den Schmerz der Wirklichkeit bezwungen haben durch ihre ideale Schau. Diesen Formidealisten, die freilich der Kultur um so gefährlicher werden, je mehr ihre Formschau sich in einen einseitigen logischen Idealismus, in nüchterne Aufklärung des Verstandes verwandelt, stehen die andersgerichteten Denker gegenüber, deren Blick mehr auf dem kampf- und gegensatzerfüllten Gebiet der Wirklichkeit ruht. Sie verspüren in sich selber mehr den starken Trieb und Lebenswillen, der im Grunde ja nur die Kehrseite jenes Formidealismus, eben der starke Drang zur absoluten Form selbst ist. Sie tragen in sich das Gesetz des Dionysos. Sie können das Leben nicht unberührt lassen, um kontemplativ über dem ruhenden Reich der Formgestalten hinzuschweben. Sie wollen die Wirklichkeit selbst zu jener ruhigeren Sternenklarheit emportragen, deren kosmische Harmonie sich als ein starker Wille nach Vollendung in ihren Gliedern regt. Dabei schauen sie jedoch immer nur auf die Unzulänglichkeit der »wirklichen« Formen hin, auf den ewigen Wechsel und die unaufhebbare Relativität dieser endlichen Welt. Und indem sie so ganz fasziniert auf das Gesetz des ewigen Werdens und den nimmer ruhenden Vorwärtsdrang in ihrem eigenen Wesen hinsehen, stellen sie diesen *Willen zum Vorwärts* als höchsten Wert hin und werden ungerecht gegen die *Form*, die ihnen nie als Form der Vollendung, sondern immer nur als vorläufige Form sichtbar geworden ist. Ihre ganze Wertschätzung gilt jenem dämonischen Kraft- und Lebensbewußtsein, das sie über alles Erreichte immer weiter drängt zu neuen Stufen, und so gilt ihnen darüber das *Streben* mehr als der *Besitz, die innere Wahrheit mehr als die gestaltete Wahrheit.* Und nun scheint es ein unverbrüchliches Geistes- und Kulturgesetz zu sein, daß ein übertriebener Formalismus, der die Zwiespältigkeit des Lebens außer acht läßt, aus sich selber seinen Gegner erweckt, nämlich jenen Rausch der Kraft und der inneren Natur, von dem uns so viele Geistesepochen, am schönsten diejenige Rousseaus, Zeugnis ablegen, wie denn auch umgekehrt ein übersteigerter Vitalismus wieder den Formalismus aus sich heraus erzeugt. Jede rationalistische Kultur wird durch eine individualistische Lebensregung beantwortet, und umgekehrt. Zwischen Form und Gehalt, zwischen Gebundenheit und Freiheit schwankt die Wage der Geschichte auf und ab. Je mehr das Formbewußtsein triumphiert, um so stärker erwacht der dionysische Lebenswille, und die dionysische Lebenssteigerung ruft ihrerseits wieder die Sehnsucht nach Form und Begrenzung hervor. Das Gleichgewicht ist unerreichbar, weil in der Wirklichkeit das Gesetz der *einseitigen Besonderung* alles durchdringt, ein Gesetz, in dem eigentlich das Rätsel der Zeit oder der Sukzession liegt.

So treten denn auch Formalismus und Vitalismus immer nur als einseitige Vergewaltigungen auf. Die Formalisten steigern den Wert der Form so sehr, daß alles Leben in ihrer Umhüllung erstarrt. Sie wollen absolute, letzte Formen setzen, aber darüber entstehen Barrikaden des Dogmas und Kämpfe mit dem Leben, das schließlich doch stärker ist als alle Grenzsetzungen des Gewesenen. Die Absolutheit der Formalisten rührt daher, daß sie Endlichkeit und Ewigkeit gleichsetzen, daß sie bei ihrer Idealschau sich völlig aus dem Gewebe des Sukzessiven glauben herausgelöst zu haben. So glaubten die Marburger, wie wir gesehen haben, mit ihrem Transzendentalismus der Philosophie ihre letzte Gestalt geben zu können. Sie haben nach ihrer Meinung die Urphilosophie in Händen und setzen damit herrisch allem anders gerichteten Denken ein Ende, indem sie ihm das Kainszeichen der Unwissenschaftlichkeit auf die Stirn prägen. »Über diese Säulen des Herkules unseres Systems hinaus ist alle Schiffahrt des Geistes verboten«! Das ist das Gesetz ihrer Absolutheit. Aber das nachdrängende Leben kann seinen Drang nach dem Vorwärts nicht unterdrücken; und so richtet es sich nun mit revolutionärer Gewalt gegen alle Form überhaupt, es setzt mit derselben Einseitigkeit die Kraft als ein Absolutes.

Diese polare Spannung der gesamten Kulturentwicklung macht es uns nun auch begreiflich, wie neben der Formphilosophie der letzten Jahrzehnte eine Lebensphilosophie entstehen mußte, die jener Absolutheit *der Form,* speziell der theoretischen Form, eine Absolutheit *der Kraft* entgegensetzte und nun mit vulkanischem Ungestüm aller *Form überhaupt* den Kampf ansagte. Es ist selbstverständlich, daß diese Lebensphilosophie mit ihrem Sturm und Drang gegen alle Form an Einseitigkeit kranken mußte; aber so sehr zugegeben werden muß, daß sie mit ihrer teilweisen Relativierung aller Form, mit ihrem biologistisch-pragmatistischen Wahrheitsbegriff, sich gleichsam selbst ihre Wurzeln abgegraben hat, das bleibt dennoch bestehen, daß sie gegenüber der erkenntnistheoretischen Formalphilosophie einen bedeutsamen Vorsprung hat. Denn sie bedeutet jene Rückkehr zur Realität, jene Wiederannäherung an das Leben, die seit langem die Sehnsucht unseres allmählich sich verjüngenden Zeitalters gewesen ist.

Der erste ganz bedeutende Vertreter dieser neuen Sturm- und Drangphilosophie ist *Friedrich Nietzsche.* Lange Zeit hindurch hat die fachwissenschaftliche Philosophie, die als das Epigonengeschlecht Kants die Lehrstühle beherrschte, diesen einsamen und so entschlossenen seine eigenen Wege gehenden Denker als unwissenschaftlich vornehm kühl ablehnen zu dürfen geglaubt. Nur einer mit Sehnsucht nach dem Leben und nach neuer Tat erfüllten Jugend wurde er ein allerdings verhängnisvoller Prophet, weil sie für seine Gedanken noch lange nicht reif genug war. Je mehr aber in der Gegenwart die einseitig am Kantischen Wissensbegriff orientierte Philosophie ins Hintertreffen gerät, je erfolgreicher die Stürmer und Dränger nicht bloß der Philosophie, sondern aller Einzelgebiete der Kultur, sich zusammentun und zum Generalangriff auf den Rationalismus unseres Zeitalters schreiten, um so mehr gewinnt auch Nietzsches Philosophie wieder an Boden, um so heller tritt seine kecke Reitergestalt wieder in den Vordergrund der Zeit.

Nietzsche ist der am weitesten vorgeschobene Außenposten des modernen Individualismus. Er ist in seinen Forderungen so radikal, er greift so fest an die Wurzeln einer alten, in sich selbst brüchig gewordenen Scheinkultur, daß er von der Partei des absoluten Stillstandes als ein *Verneiner überhaupt* hingestellt werden konnte. Und in der Tat ist es

schwierig, diesen zwiespältigen Denker, der eben in seiner Zwiespältigkeit der deutlichste Exponent seiner Zeit ist, auf einen Generalnenner zu bringen. Aber gegenüber den Verunglimpfungen, die ihm zuteil geworden sind, nicht bloß von seiten der formalen Philosophie, sondern auch von seiten einer dogmenstarren Religion, von seiten politischer Parteien, die ihn als den Apostel gewisser ausschweifender Machtträume brandmarken wollten, ist es notwendig, gerade *die* Seite an Nietzsche mehr ins Licht zu rücken, die uns seinen reinen Idealismus erkennen läßt, selbst wenn es ein Idealismus ist, der oft von den Schlinggewächsen einer derb naturalistischen Weltauffassung überwuchert ist.
Schon das 18. Jahrhundert hatte mit den historischen Mächten, die ja bei ihrer zähen Beharrungstendenz immer eine Gefahr für das sieghaft fortschreitende Leben sind, einen gewaltigen Kampf ausfechten müssen. Im Goetheschen Zeitalter setzt sich endlich ein neuer Individualismus durch, der sich allmählich die Zügel einer klassischen Form anlegte. Aber die Romantik führte nach einer neuen grenzenlosen Entfesselung des Ich schließlich wieder ein Zeitalter überpersönlicher Bindungen herauf, die wie ein schweres Joch auf dem einzelnen lasteten. Das ist das Ergebnis jener romantischen Bewegung auf das Mittelalter hin, das ist am Ende auch der Sinn der Hegelschen Philosophie, die alle Kategorien der Gemeinschaft so nachdrücklich betonte. Gleichzeitig hatte aber auch die neue mechanistische Wissenschaft, ein Ausfluß der gesamten westlichen Philosophie, ein neues Feld überpersönlicher Objektivität geschaffen, auf dem, sei es in der Theorie, sei es in der Praxis,

sich das Ich den Anforderungen der Gemeinschaft restlos unterzuordnen hatte. Es ist ein seltsamer dialektischer Widerspruch, daß der geistig so freie Liberalismus, der große demokratische Gedanke Englands, Amerikas und Frankreichs, wie er sich in der Wissenschaft und in der sich daran anknüpfenden kapitalistischen Wirtschaftsordnung offenbarte, unmittelbar in das Gegenteil dessen umschlug, was er erstrebt hatte. Besonders auf wirtschaftlichem Gebiete hatte der stolze Grundsatz des »laisser faire, laisser passer« nicht bloß das namenlose Elend der Arbeiterklasse und ihren gegen diese Klassenschranken sich aufbäumenden Trotz zur Folge, sondern auch das Unternehmertum wurde in die materielle und maschinelle Knechtschaft eingeschmiedet. Die objektiven Mächte einer ins Ungemessene gewachsenen Weltwirtschaft entzogen sich der Fessel des menschlichen Geistes und machten alles, was mit ihnen in Berührung kam, ihrer unerbittlichen Herrschaft untertan. Und so war auch die mechanistische Wissenschaft mit dem Begriff einer starren Notwendigkeit und universalen, kühlen Sachlichkeit so überragend emporgewachsen, daß sie dem Einzelnen das Recht seiner Eigentümlichkeit, seiner inneren, von mechanistischen Begriffen nicht zu erfassenden Natur, vollständig verkümmerte. Auch hier galt es, sich einfach in die Methode und in die Arbeitsteilung zu fügen und alle Persönlichkeit, weil sie ein Feind der Sachlichkeit ist, aus dem Spiel zu lassen. Diese herrische Macht der Objektivität aber hat sich von den beiden Gebieten der Wissenschaft allmählich dem ganzen Kulturleben, bis zum bureaukratischen Wesen des Staates und der Erziehung, mitgeteilt.

Und der eigentliche Vorzug des Sozialismus, der im Schatten dieses Objektivitätsfanatismus groß geworden ist, wäre der, daß er in Zukunft dieses Prinzip einer allgemeinen Organisation in alle Ewigkeit festlegte und sanktionierte. Auch die heiligsten Güter der Menschheit, wie Kunst und Religion, die zu voller Blüte eigentlich nur auf einem individuellen Grunde gedeihen können, wären in Gefahr, diesem Prinzip einer rücksichtslosen mechanistischen Sachlichkeit und Uniformität zu verfallen. Eine Versklavung der Menschheit in großem Stil, eine völlige *Verstandessklaverei* (Walter Rathenau hat für sie den Begriff der *Mechanisierung* geprägt) ist die Folge dieses ungeheuren Intellektualismus gewesen.

So kann es denn nicht wundernehmen, daß allmählich gegenüber dieser allgemeinen Gefahr der Aufklärung sich auch die individuellen Mächte des Gefühls, der persönlichen Freiheit und Unabhängigkeit, der natürlichen Kraft und Innerlichkeit wieder anmeldeten und sich um so stärker hervordrängten, je mehr eben das Ich diese Fesseln einer überpersönlichen mechanistischen Sachlichkeit zu fühlen bekam.

Nur aus diesen gewaltsamen Einschnürungen des Ich in alle möglichen Bindungen kühler Sachlichkeit und herausfordernder Bevormundung kann und muß Nietzsches Philosophie verstanden werden. Er berührt sich in dieser Hinsicht mit den Romantikern, die freilich in der romantischen Frühzeit ihr Ich verhätschelten wie ein kleines, eigenwilliges Kind. Er berührt sich ferner mit den individualistischen Idealisten der Zeit um Goethe. Denn er lenkt innerhalb der mechanistischen Uniformierungstendenz seiner Zeit das Augenmerk wieder auf die wichtige Tatsache, *»daß jeder Mensch ein einmaliges Wunder«* ist. Und so verkündet er denn zunächst überall die Kraft und den Glauben an dieses einmalige Wunder der Persönlichkeit, und er weist auf die Selbstbefreiung hin, die in diesem Wunder der Einmaligkeit als eine Forderung mit eingeschlossen ist. Aus diesem Erlebnis seiner Einmaligkeit als Kraft und Anlage, die mitten in eine Zeit der Mechanisierung hineingestellt ist und sich in ihrer Entwicklung bedroht fühlt, erklärt sich auch die sprühende Leidenschaftlichkeit seiner Auslassungen gegen alle erstarrten Formen des Lebens seiner Zeit, gegen die philisterhafte Schablonisierung alles irgendwie über das Durchschnittsmaß des Alltags Hinausragenden. Wir können daraus seinen Kampf gegen den Historismus verstehen, insofern er das unbewußte und persönliche Schaffen im Keime erstickt, seinen Kampf gegen die Wissenschaft, soweit sie alles dem Rahmen ihrer nüchternen Exaktheit und sogenannten Sachlichkeit einzuordnen bemüht ist oder in einseitigem Spezialistentum sich selbst zum Tode verurteilt; wir verstehen aus alledem auch seinen Kampf gegen das Christentum, das sich so stolz mit Formeln und Dogmen brüstet und den Geist des Urchristentums verloren hat, seinen Kampf gegen den Staat, der in Bürokratismus und Formelwesen erstarrt ist und darüber seine Hauptaufgabe versäumt hat. Gewiß muß zugegeben werden, daß Nietzsche die doppelte Aufgabe übersieht, die in jenem so wichtigen Problem der *Besonderung* steckt. Denn die Besonderung bedeutet nicht nur kraftvolle Anlage und ihre Entfaltung, sie bedeutet auch Form und Grenze und Maß. Und doch ist es keineswegs *bloß* anarchischer Drang, was sich in Nietzsches Kampf gegen seine Zeit ausspricht. Es ist vielmehr das Erlebnis der Abhängigkeit von den absoluten Werten des Daseins, der Drang nach einer neuen Lebensstufe, was ihn so kühn die Gesetzestafeln seiner Zeit in Stücke schlagen läßt. »Ein jeder trägt eine produktive Einzigkeit in sich«, so sagt er einmal, »als den Kern seines Wesens; und wenn er sich dieser Einzigkeit bewußt wird, erscheint um ihn ein fremdartiger Glanz, der des Ungewöhnlichen. Dies ist den meisten etwas Unerträgliches: weil sie, wie gesagt, faul sind und weil an jener Einzigkeit eine Kette von Mühen und Lasten hängt«. »Das ist die eigentümliche Arbeit aller großen Denker gewesen, Gesetzgeber für Maß, Münze und Gewicht der Dinge zu sein«. Daß Nietzsche damit kein Verneiner überhaupt ist, hat er oft genug ausgesprochen. Es ist im Grunde nur ein tieferer Gottesglaube, der ihn gegen die stumpfe Welt um sich her in eine so anarchisch scheinende Aufregung versetzt. Unsere linearen Moralisten täten besser daran, mit dem Bannstrahl der Verurteilung gegen Geister dieser Art etwas mehr zurückzuhalten. Es mag immerhin angenehmer für den Menschen sein, wenn das Schicksal ihn gütig in eng zusammengerückte Grenzpfähle gesetzt hat. Aber die Vorsehung hat auch jene anderen Naturen geschaffen, denen die glühende Lava eines Gottverlangens in der Seele auf- und abwogt, um eines Tages, nicht ganz zum Nachteil der Menschheit, sich über die so wohlangelegten Dämme der Gemeinschaft zu ergießen. »Es gibt eine Art zu verneinen und zu zerstören«, sagt Nietzsche, »welche gerade der Ausfluß jener mächtigen Sehnsucht nach Heiligung und Errettung ist, als deren erster philosophischer Lehrer Schopenhauer unter uns entheiligte und recht eigentlich verweltlichte Menschen trat. Alles Dasein, welches verneint werden kann, verdient es auch verneint zu werden; *und wahrhaftig sein heißt: an ein Dasein glauben, welches überhaupt nicht verneint werden könnte* und welches selber wahr und ohne Lüge ist. Deshalb empfindet der Wahrhaftige den Sinn seiner Tätigkeit als einen metaphysischen, aus Gesetzen eines anderen und höheren Lebens erklärbaren und im tiefsten Verstande *bejahenden: so sehr auch alles, was er tut, als ein Zerstören und Zerbrechen der Gesetze dieses Lebens erscheint«*. Hier finden wir es ganz deutlich ausgesprochen, daß Nietzsche keineswegs auf Vandalismus des Geistes ausgeht. Nur ein höheres, in ihm lebendig gewordenes Dasein treibt ihn zum Kampf gegen die zeitliche Erstarrung. Unter diesem Gesichtspunkt müssen wir seine Anklage gegen die Geschichte zu erfassen und vor allem auch der damit verbundenen Gedankenformel vom *»Willen zur Macht«* Verständnis abzugewinnen versuchen.

Das große Gesetz alles Seins ist, wie wir wiederholt gesehen haben, jenes Prinzip einer unendlichen Individualisierung, das allerdings nicht ohne das Prinzip der Einheit, der Einordnung in den Gesamtzusammenhang, zu denken ist. In der stillen Idealwelt nun, in der Welt der reinen Möglichkeit, *ruhen* alle Gestalten in ihrer Besonderung aufeinander, sie stützen und tragen sich gegenseitig. Es herrscht jene Ewigkeitsharmonie, die uns im wirklichen Leben höchstens im Kunstwerk begegnet, das als eine Welt für sich einen Schimmer jener ewigen Harmonie und Verklärung von sich ausstrahlt, wie sie uns etwa Dürer in seinem Hieronymus dargestellt hat: Paradiesischer Friede umweht hier alle einzelnen Dinge, ein heiteres Licht durchflutet diese kleine Welt, und die wilden Tiere der Leidenschaft liegen gebändigt zu den Füßen des Heiligen. In der wirklichen Welt jedoch herrscht *die Besonderung als Größe und Schuld zugleich, als schuldhafte Besonderung,* weil mit ihrer einseitigen Kraftentfaltung immer auch eine Rechtsverletzung anderer Besonderungssphären verbunden ist. Denn jene harmonische Allgegenwart und Gleichzeitigkeit oder eigentlich Zeitlosigkeit (die coincidentia oppositorum) ist in der Wirklichkeit in den Strom der Zeit getaucht, und so wird das *Nacheinander in der Zeit,* so wird die Zeit selbst der Inbegriff irdischer *Größe und Schuld zugleich.* Die Wirklichkeit ist eine zeitliche coincidentia oppositorum, die wohl in irgendeiner mysteriösen Form ein Nachbild jener ewigen Allgegenwart ist, die aber nie die Harmonie der zeitlosen coincidentia oppositorum erreichen kann, weil sie das Blut der Zeitlichkeit nicht aus ihren Adern ausströmen lassen darf, ohne sich selbst zu vernichten. So ist die Wirklichkeit der Inbegriff der notwendigen, wenn auch immer schuldhaften Besonderung, und diese Besonderung breitet erst über das große Kampfgemälde der Geschichte jene *»tragische Schönheit«* aus, an der wir uns nie sattsehen können. Wohl glaubt der beschauliche Mensch jener tragischen Schuld der Parteiung zu entgehen, wenn er von erhöhtem Gebirgsgrat aus ein müßiger Zuschauer dieses

Kampfes wird. Aber auch in der Kontemplation kann er dem großen Wesensgesetz der Wirklichkeit nicht entfliehen, denn seine Beschauung wird sofort *zur schuldhaften Beschauung*, weil sie die Tatkraft in ihm erschlaffen läßt und die matte Blässe des Gedankens über seine Gesichtszüge ausbreitet. Das Wort vom *»schaffenden Spiegel«*, das Goethe geprägt hat, um Gedanke und Tat in Einklang zu bringen, ist eigentlich ein Widerspruch in sich selbst und höchstens ein Ideal, das uns sagt, daß die Wirklichkeit immer nur das eine oder das andere von beiden umfassen kann.

# Natur und Geist

*Trotz aller modernen Theorien zum Verhältnis von Natur und Geist, wie sie z. B. in der Verhaltensforschung, der Gen-Forschung oder gar über »Zufall und Notwendigkeit« (Jacques Monod) vorliegen, behalten die in die Tiefe der Metaphysik führenden Überlegungen von Peter Wust über »Naivität und Pietät« auch heute ihre volle Bedeutung, weil die neueren Abhandlungen sich nicht mit der ethischen und personalen Relevanz der Frage nach der »Natürlichkeit« und der »Geistbestimmtheit« unserer Wirklichkeit einlassen. Für Wust läßt sich kein Verständnis der Zusammenhänge zwischen der geistigen Region und der dunklen, triebhaft-impersonalen Grundschicht ohne die Anerkennung einer »im strengsten Sinne absoluten Aseität« gewinnen, d. h. »Gott ist Gott«, eine »absolut personale Faktizität«. – Das Ursprüngliche in der Natur (Naivität) ist dem göttlichen Bereich (Pietät) zugänglich und erschließt sich in der Polarität von beiden im personalen Leben des Menschen. Das ist zwar eine alte Lösung, aber sie wird hier bei Wust in einem lebendigen »Gegensatz-Denken« entfaltet (das dann Guardini wenig später systematisch entfaltet hat). Man halte den Satz fest: »Es gibt nur und überhaupt nur zwei Reiche des Wirkens, das sachliche Reich des aus einem blinden oder ungeistigen Grunde Gewirktwerdens und das personale Reich des Handelns, das in geistiger Aseität seinen Anfang nimmt.« Wer diesen »Selbstand« des personalen Denkens (a se) nicht gelten läßt, hat den Zugang zur Metaphysik, wie sie Wust versteht, verloren.* (Quelle: GW Bd. II, S. 71–80)

## Aus: »Naivität und Pietät«, 4. Kapitel

Bisher haben wir gleichsam nur oberflächlich versucht, das Problemfeld abzutasten, um für die fundamentale Unterscheidung der beiden Hauptprinzipien der Philosophie, des Substanzprinzips und des Geistesprinzips, einigermaßen unser Auge zu schärfen. Da nun aber für die weitere Untersuchung unseres besonderen Problems das Wesen des Geistes mit restloser Klarheit begrifflich vor uns erstehen muß, so läßt sich eine noch tiefer eindringende Betrachtung über die eigentliche Grenzscheide von Natur und Geist hier nicht umgehen.

Noch einmal aber soll nun der Versuch gemacht werden, von der Objektseite her, vom Prinzip der Natur aus also und von der in ihr wirksamen impersonalen Es-Funktion her den Weg dieser Untersuchung anzutreten. Noch einmal soll deshalb auf das Wunder der mannigfaltigen Ordnungsstrukturen hingewiesen werden, die sich an jedem Punkte der Wirklichkeit oder der streng in sich abgeschlossenen Konkretion zugleich übereinander und ineinander schichten. Denn alles Konkrete ist seinem Seinsgefüge nach durch ein Ineinanderfallen der mannigfaltigsten Bezüge gekennzeichnet, so daß jedes Individuelle als eine peinlich exakte Determination aus einer unendlichen Zahl von Ordnungsbestimmtheiten angesprochen werden muß. Wenn wir nun allerdings bei der Hilflosigkeit unserer Sprache zuweilen schlechtweg von der Verbindung eines Allgemeinen mit dem Besonderen im Seinsaufbau individueller Wirklichkeit reden, so ist eine solche Ausdrucksweise bei näherem Zusehen nur ein ohnmächtiges Stammeln gegenüber einem so überaus komplizierten Sachverhalt, wie er uns in der kategorialen Gefügtheit des konkreten Seins entgegentritt. Denn was wir so leichthin das Besondere irgendeiner Konkretion nennen, erweist sich vielleicht bei schärferer Prüfung schon als ein wenigstens relativ Allgemeines, und was wir als Allgemeines herauszuheben versuchen, ist in gewissem Betracht schon ein Besonderes. Es ist also überhaupt sehr schwierig, wenn nicht gar unmöglich, zwischen diesen beiden Grenzbegriffen des Allgemeinen und des Besonderen eine scharfe Trennungslinie zu ziehen. Aber es ist auch hier für uns nicht von durchschlagender Bedeutung, daß wir der Lockung des mittelalterlichen Realienproblems folgen sollten. Wichtig ist nämlich in diesem Zusammenhang für uns nur die eine Feststellung, daß es in dem mysteriösen Zusammenspiel all der unendlich vielen Ordnungsbestimmtheiten, die konkretes Sein in ontologischem Betracht erst möglich machen, eine Mischung *zweier absolut verschiedener Momente* gibt, die in ihrem Zusammenwirken beim Aufbau des Konkreten allem endlichen Sein einen sehr merkwürdigen Doppelcharakter verleihen. Seiner kategorialen Formgefügtheit nach ist nämlich alles endliche Sein eine Verbindung von Notwendigkeit und Kontingenz. Damit aber ist gesagt, daß im Aufbau jeder endlichen Konkretion sich die beiden Momente eines *invariablen* und eines *variablen* Faktors auffinden lassen. So kann z. B. jedes beliebige Ding seiner Gestalt nach in endloser Mannigfaltigkeit wechseln. Diese Möglichkeit des Gestaltwechsels geht jedoch nie soweit, daß dadurch etwa dem fundamentalen Seinsgrundgesetz der Identität widersprochen würde. Nun mag es gewiß schwierig genug sein, dieses Gesetz mit letzter begrifflicher Strenge zu fixieren, und seine von Aristoteles versuchte Definition zeigt uns ja auch hinreichend deutlich, wieviel Scharfsinn aufgeboten werden muß, um alle Bestimmtheiten dieses Grundgesetzes bis in das infinitesimale Gefüge des Seins, bis in den innersten ontologischen Kern, auch nur annäherungsweise zufriedenstellend anzudeuten. Trotz dieses Mangels einer absolut sicheren Definition wissen wir jedoch ganz genau, was mit diesem Grundgesetz gemeint sein soll. Wir wissen, daß es sozusagen die Absolutachse bildet, um die alles endliche Sein seiner Variabilität nach rotiert. So ließe sich z. B. dieses Gesetz für unseren besonderen Fall etwa in folgender Form ausdrücken: alles endliche Sein kann seiner Gestalt nach sich in unendlicher Weise verändern. *Wenn* es aber in einer gewissen eidetischen Gestalt auftreten soll, *dann* ist es in seiner unendlich-möglichen Variabilität eben durch die diese bestimmte Gestalt betreffenden Gestaltformgesetze eingeschränkt. Das Merkwürdigste dabei ist jedoch, daß die gerade in Betracht kommende Gestaltform selbst Kontingenzcharakter haben kann oder vielmehr auf jeden Fall haben wird. Sie ist also als eben diese und keine andere Gestaltform selbst wieder ein variabler Faktor. Die letzte invariable Bedingung liegt demnach noch nicht in ihr selbst, sondern erst in jenem Zusammenhang, der in unserer Formulierung durch die Verknüpfung von »wenn« und »dann« zum Ausdruck gebracht wird. In ihm erst kommt uns das Zusammenspiel der beiden Faktoren von Notwendigkeit und Freiheit, von invariablem Soseinmüssen in dem Spielraum des variablen Soseinkönnens, klar zum Bewußtsein. Eben an dieser eigentümlichen Nahtstelle der ursprünglichen Invariabilität und der stets zurücknehmbaren Variabilität jedes uns bekannten endlichen Seins offenbart sich uns nun auch *der ungeheure Riß*, der uns schließlich zur Unterscheidung der sachlichen von der personalen Sphäre der Wirklichkeit drängt.

Das eigentliche Charakteristikum des unbewußten Naturwirkens ist darin zu suchen, daß in ihm den kompliziertesten Aufbaugesetzlichkeiten des Seins *völlig konkret* genügt wird und daß keine Spur von Einsicht in das eigentümliche Zusammenspiel von variablen und invariablen Ordnungsmomenten, ohne das keine endliche Wirklichkeit möglich ist, sich in jene unendliche Wirkenskette von Aktion und Reaktion einschiebt. Gewiß liegt *objektiv* überall auch im rein naturhaften Geschehen jene Ineinanderverflochtenheit von Notwendigkeit und Kontingenz vor und kann vom erkennenden Geiste her in den verschiedensten Graden von Klarheit und Klarheitsfortschritt aufgezeigt werden. Nirgends aber ist im Naturgeschehen selbst etwas von dieser subjektiven Interpolation festzustellen. Auch das Tier hat keine Reflexion in dem allein hier in Frage kommenden Sinne der Unterscheidungsmöglichkeit von variablen und invariablen Seinsmomenten. Auch das Tier wirkt absolut konkret oder empirisch aus dem individuellen Aktionszentrum seiner Natur heraus, gefesselt und zwar absolut gefesselt an das Gesetz seiner reinen Vitalenergien. Und so geschieht überall in der Natur nur ein »Dieses« und wieder ein »Dieses«, einerseits, weil es so oder so sein *kann,* anderseits, weil es so oder so sein *muß*, ohne daß in der Natur selbst dieses Doppelverhältnis von Sokönnen und Somüssen reflexiv zum Ausdruck käme. Und das heißt also, daß in der Natur beides, das Können der variablen und das Müssen der invariablen Sphäre, eine lautere Einheit des Müssens darstellt, eine unabänderliche Wesens-, Gestalt-, Trieb-, Instinkt- und Gesetzesfixiertheit. Die gesamte Natur außerhalb des Geistes läßt sich als ein Märchenreich von strenger *Wesensverzauberung* betrachten, und eben dadurch kann sie zuweilen für den ernsten Beschauer den Eindruck *des Unheimlichen* gewinnen, den Eindruck einer allgemeinen *Soseinsgebanntheit,* einer universalen *Wesenserstarrtheit* auf Grund eines hinter ihr unerkannt und unsichtbar wirkenden unerbittlichen Willens. Man kann diesen Sachverhalt noch auf eine andere Weise sichtbar machen. Wenn es richtig ist, was wir von dem Doppelcharakter aller uns bekannten Wirklichkeit betont haben, daß sie nämlich überall die Wirkung von variablen und invariablen Momenten aufweist (ein Punkt, über den jede tiefer eindringende Ontologie absolute Sicherheit geben kann), was mag dann wohl die Folge dieses Mischungsverhältnisses sein? Die Folge kann nur sein, daß überall in der Natur *Verschiebungen* möglich werden, aber allerdings nur für ein Wesen, das wie auf einem Schachbrett innerhalb einer vorgezeichneten Notwendigkeitslineamentur die variablen Momente lösen und binden könnte. Diese neue Wirkensmöglichkeit aber setzt Motivationsmöglichkeit und Motivationskraft voraus, und eben hier ist der Punkt, wo die Einsicht in uns aufdämmert, wie Geist und Ich sich als eine ganz neue Wirklichkeit aus dem universalen Gesetzeszusammenhang der Natur *heraussetzen.* Alles Geistige ist in diesem Sinne als eine erstaunliche »ἔκστασις«[8] gekennzeichnet, als eine Ablösung von so besonderer Wesenheit, daß damit auf einen Schlag eine völlig neue Seinsregion des »draußen« und des »darüber« entstehen muß. Die Natur aber steht überall diesseits dieses Reiches, weil in ihr nirgends die Motivationsmöglichkeit gegeben ist, die allein eine Disposition über die variablen Momente ihrer Strukturen gestatten würde. Die Natur ist, rein für sich betrachtet, das große Gebiet *einer absoluten eidetischen Fatalität,* in dem es weder im einzelnen noch im ganzen irgendeine Möglichkeit der Abweichung gibt. Bis in alle Feinheiten der Einzelstruktur oder auch der Wesensentfaltung und zugleich der raumzeitlichen Koordination hinein waltet unerbittlich das eine, wohl überall differenzierte, in seiner letzten Modalität jedoch völlig gleichartige *eidetische Verhängnis.*

Immer deutlicher aber hebt sich uns damit, wie wir sehen, jenes *neue Prinzip* heraus, das wir als die *zweite Natur* bezeichnen können, nach der wir von Anfang an im Interesse des Naivitätsphänomens auf die Suche gegangen sind. Daß wir es *als geistige Natur* bezeichnen, mag für den Anfang gefahrvoll erscheinen. Aber die weitere Klärung des Prinzips muß eben vorläufig dem allmählichen Fortgang unserer

Untersuchung anheimgestellt werden. Mögen wir es also auch vor der Hand als altera natura bezeichnen, so viel ist jedenfalls klar, daß dieses Prinzip etwas völlig Neues jenseits der Natur im gewöhnlichen Sinne darstellt. Denn die Möglichkeit, die Nahtstelle aller Wirklichkeit zu sehen und sie auf Grund solcher Einsicht eventuell aufzutrennen, das alles bedeutet den Übergang in eine neue Provinz des Wirkens, weil hier das Wirken den Charakter des selbständigen und daher schöpferischen Tuns und Handelns empfängt. Wir sind damit in die Personalsphäre eingetreten, in das Reich der Motivation und der Motivationskräfte. Hier ist der *Rubikon des Geistes*, und das Wesen, das ihn überschreitet, hat damit ontologisch einen Schritt getan, der nicht mehr rückwärts gemacht werden kann.
Alles Geistige als wirkende Kraft hat also, wie wir jetzt sagen können, sein besonderes Charakteristikum darin, daß es die Quelle *wirklich neuer schöpferischer Tat* ist und also auf dem Grunde einer gewissen *Aseität* ruht. So sehr aber dieser Begriff der Aseität auch im allgemeinen noch nicht in die personale Sphäre zu deuten scheint und deshalb auch von Substantialisten im Sinne ihres blinden Absoluten verwendet werden kann, in unserem Falle besagt er mehr. Er deutet auf den völlig neuen Seinsanfang, der wesentlich mit jeder geistig-personalen Kraft gesetzt ist, weil das Motivationszentrum sich als etwas Besonderes aus dem ganzen sachlichen Gewebe des Seins und aus der sachlichen Energiezone herausheben muß, da sonst die Motivation als der die Seinsdoppelheit auftrennende und verbindende Akt undenkbar wäre.

Man kann kaum eindringlich genug betonen, daß an dieser Stelle, wo die Aseität des Geistes ernstlich in Frage kommt, vielleicht das entscheidendste Moment der gesamten Geistesmetaphysik liegt. Denn von diesem Begriff aus müssen, wie uns scheint, in gleicher Weise die Probleme zu lösen versucht werden, die das Wesen des unendlichen und absoluten Geistes hier, das Wesen des endlichen Geistes und seiner dialektischen Bewegungsphänomene dort betreffen. Und gerade der letztere Punkt, d. h. die ganze Komplikation der Geschichte, kann wohl nur von diesem Moment her, von dem absoluten Heraustreten des Geistes als Geist aus der Welt des Objekts und von dem strengen Neubeginn einer ganz anderen Welt, der Welt des Subjekts, seine Aufhellung empfangen. Aber auch in einer anderen Hinsicht scheint uns der hier berührte Begriff von ganz entscheidender Bedeutung zu sein. Denn gerade hier ist die eigentliche Gefahrzone des Idealismus, wenn er nach seiner prinzipiellen Seite hin betrachtet wird. Man kann sich nämlich sehr leicht eben an dieser Stelle in einen neuen Naturalismus verirren, der am besten als der Naturalismus eines impersonalen Logos zu kennzeichnen wäre. Trennt man nämlich im endlichen Sein den invariablen Faktor von dem variablen ab und stellt ihn als ein rein logisches Abstraktum für sich auf die eine Seite, so könnte man glauben, daß in diesem unveränderlichen freischwebenden Motivationszusammenhang an sich das eigentliche Prinzip des Geistes liege. Auch hier taucht dann freilich in manchen Untersuchungen der Begriff der Aseität auf. Aber das ist dann die rein substantiale Form dieses so bedeutsamen Begriffs. Es muß deshalb betont werden, daß in einer solchen Auffassung des Geistesprinzips die wahre Aseität des Geistes, seine metaphysische Originalität und Apriorität, fehlt und daß infolge dieses Mangels das Wesen des Geistes in seiner prinzipiellen Eigenart nicht im geringsten bei einer solchen Auffassung getroffen werden kann. Überall, wo wir die sogenannte Lehre von *einem allgemeinen Geiste* finden, wie bei Averroes und Hegel oder auch teilweise bei Kant, ist der Blick für die Aseität des Geistes verloren gegangen. Und es ändert sich auch kaum etwas in dieser Sachlage, wenn etwa die einen wie Averroes und Hegel den allgemeinen Geist noch ontologisch-substantial deuten, die anderen dagegen wie Kant z. B. ihn in die Region eines rein logischen Abstraktums erheben. Es bleibt auf beiden Seiten ein bloßer Naturalismus des Geistes bestehen, weil der absolute Neuanfang des Seins, der allemal im Wesen des Geistes liegt, dabei in keiner Weise zum Ausdruck gekommen ist. Die Aseität des Geistes besteht eben darin, daß von einem völlig außerhalb des übrigen Seins stehenden noetischen Kraft- und Resonanzzentrum her der objektive Vernunft- oder Motivationsgehalt mehr oder weniger *ergriffen* wird. Dieses *Ergreifen* aber weist hin auf die originale Aktivität im Wesen des Geistes überhaupt und läßt uns schließlich erkennen, daß alle objektivierte Welt- oder Seinsvernunft überall ein *primäres geistiges Tun* zur Voraussetzung hat. Es gibt nur und überhaupt nur zwei Reiche des Wirkens, das sachliche Reich des aus einem blinden oder ungeistigen Grunde Gewirktwerdens und das personale Reich *des Handelns,* das in geistiger Aseität seinen Anfang nimmt. Die

Fundierung beider Reiche aufeinander aber ist nur so denkbar, daß alles bloße Geschehen sich auf personalem Handeln aufbaut und niemals umgekehrt, soweit die beiden Reiche von Natur und Geist als nach Letztprinzipien reinlich geschiedene Seinsgebiete in Frage kommen.

Hier mag man sich nun aber jenes tiefen Gedankens erinnern, den Aristoteles in die Metaphysik eingeführt hat, insofern er von der notwendigen Priorität eines rein aktuellen Seins vor jeglichem potentiellen Sein gesprochen hat. In diesem Gedanken liegt nämlich keimhaft das Aseitätsprinzip des Geistes schon vor, wenn es auch noch einen gewissen Rest von substantialistischer Unklarheit in sich enthält. Man wird also diesen bedeutsamen Gedanken des Aristoteles jetzt dahin erweitern können, daß man sagt: Wenn alles rein naturhafte Geschehen, wie wir gesehen haben, in seiner Mischung von variablen und invariablen Momenten auf einen motivationsartigen Handelnsuntergrund hinweist, dann ist die absolute Aktualität, die Aristoteles als apriorisches Seinsprinzip statuiert, nur denkbar in der höchsten und reinsten Form *personaler Aktualität und Aseität.* Und das heißt also, daß der Region der absolut unbewußten Natursachlichkeit mit strengster Konsequenz nur die polare Gegenregion des absoluten Geistes und der absoluten Personalität korrespondieren kann.

Auf der Suche nach dem Wesen des Doppelphänomens von Naivität und Pietät begriffen, haben wir anfänglich seinen Schein im Bereich der außergeistigen Natur aufleuchten sehen. Denn Naturnähe und Naturwahrheit sollten ja doch das Grundprinzip ausmachen, aus dem heraus jenes Doppelphänomen sich entfalte. Es schien sich uns jedoch zu ergeben, daß die bloße Anlehnung an eine völlig ungeistige Natur das besondere Wesen jenes Doppelphänomens niemals hervorbringen könne und daß vor allen Dingen kein außergeistiges Naturwesen naiv oder auch pietätvoll zu wirken vermöge. Diese Erwägung aber hatte uns dazu veranlaßt, die weitere Untersuchung anzustellen, ob nicht etwa hinter der Natur noch ein anderes Prinzip wirksam gefunden werde, das Prinzip etwa einer altera natura, aus dem heraus sich vielleicht die Wesenheit des Naiven verständlich machen lasse. Indem wir diesem neuen Gedanken auf den verschiedensten Wegen nachgingen, gelangten wir allmählich zu der bedeutsamen Trennung der Sphären von Natur und Geist, von sachlicher und personaler Aktivität. Je schärfer sich aber nach und nach die Grenze zwischen diesen beiden fundamentalen Seinsgebieten abzeichnete, um so mehr trat nun auch auf einmal der absolut reinen Naturprovinz auf der polaren Gegenseite eine ebenso reine, ungemischte Region des Geistes gegenüber. Und wir sind infolgedessen, wie es scheinen möchte, von neuem in eine bedrängte Lage geraten. Denn sollte nicht, so stellt sich uns jetzt die Frage, das Doppelphänomen von Naivität und Pietät, wenn es nun einmal ein geistiges Phänomen ist, in der absoluten Lauterkeit dieses Prinzips zu suchen sein, in dem hellen Tageslicht also des göttlichen und absoluten Geistes? Es scheint doch nach dem Bisherigen wenigstens so zu sein, daß die *völlige Selbstsicherheit* eines geistigen Handelns (im Gegensatz zu der blinden Wirkenssicherheit im reinen Naturgeschehen) das wesentliche Charakteristikum des Phänomens ist, nach dessen Gründen wir Ausschau halten. Und es könnte also scheinen, als sei nunmehr die unmittelbare Nähe zu jener Motivationsschicht der invariablen Vernunft, die wir in der Doppelheit jeder endlichen Wirklichkeit erkannten, diejenige besondere Naturintimität, mit der unser Phänomen in Zusammenhang stehe. Und wo wäre denn da, so ließe sich fragen, diese Naturintimität größer und infolgedessen auch der Selbstsicherheitscharakter des geistigen Handelns stärker als in der Region des absoluten Geistes, in der das Naturprinzip des Geistes mit der absoluten schöpferischen Aseität zu personaler Einheit gelangt?

Wir müssen allerdings versuchen, unsere Frage auf eine präzisere Formel zu bringen. Eine gewisse Instinktsicherheit oder auch Instinktdumpfheit ist es doch wohl, was wir von vornherein als die Besonderheit unseres Doppelphänomens herauswitterten, und das eben brachte uns ja auf den Gedanken, das Naive mitsamt der es begleitenden Pietät als ein Naturphänomen zu betrachten. Der herkömmliche Naturbegriff freilich reichte, wie wir sahen, zu seiner Erklärung nicht aus, und so gelangten wir schließlich dazu, es als *ein Naturphänomen des Geistes* der andersartigen Trieb-, Instinkt- oder Gesetzessicherheit einer ungeistigen Naturregion entgegenzustellen. Demnach läuft also unsere obige Frage, ob vielleicht die reinste Gestalt unseres Doppelphänomens nur in der absoluten Geistesregion, also bloß im göttlichen Sein zu suchen sei, darauf hinaus: Kann es im Wesen des absoluten Geistes, so wie er aus dem reinsten Eidos der Personalität heraus gefaßt werden muß, irgendeine Instinktgrundlage geben? Oder anders ausgedrückt: Gibt es oder kann es so etwas geben wie *eine Natur in Gott?*

Bei der schon einmal betonten Vieldeutigkeit des Naturbegriffs muß natürlich hier noch gesagt werden, daß damit nicht etwa der Naturbegriff als Wesenheit gemeint sein soll. Denn in diesem Sinne gibt es selbstverständlich eine Natur in Gott, da alles Sein seine spezifische Wesenheit hat und haben muß. Unsere Frage wird also nur darauf abzielen, ob es im Wesen des absoluten Geistes eine transpersonale und dementsprechend also eine impersonale Schicht geben kann, aus der heraus sich die personale Aktivität gleichsam naturhaft, nach dem Muster also jener Es-Funktion des blinden Naturprinzips, vollziehe? Die Wichtigkeit dieser Frage, auf die wir hier nicht zum erstenmal stoßen, liegt auf der Hand. Müßten wir sie bejahen, dann wäre damit sofort alles umgestoßen, was wir bisher über die ontologische Fundierung der beiden Grundprinzipien des Seins aufgestellt haben. Denn dann wäre das Substanzprinzip fundierend für alles Sein, und das Subjekt- oder Geistprinzip träte als fundiertes Moment an die sekundäre Stelle. Da wir nun aber nach unseren obigen Überlegungen die Priorität des Geistprinzips vor dem Substanzprinzip völlig sichergestellt zu haben glauben, so ist über unsere Frage damit schon entschieden. Sie kann bloß noch dazu dienen, uns die Strenge der Unterscheidung zwischen Natur und Geist oder zwischen dem substantialen und dem personalen Prinzip bis zu ihren letzten Konsequenzen zu verdeutlichen und uns damit bewußt zu machen, welche Stringenz der Theismus im Begriff des Geistes und damit auch im Gottesbegriff verlangt und wie oberflächlich ferner das begriffliche Verfahren aller pantheistischen Lösungsversuche des Seinsrätsels genannt werden muß.

Die Frage nach dem Vorhandensein einer Natur in Gott hat, wenn auch nicht gerade in der hier auftretenden Formulierung, oft auch in den Diskussionen mittelalterlicher Denker eine Rolle gespielt. Sie kommt z. B. in der Form zum Vorschein, daß nach dem Verhältnis Gottes zu den ewigen Wahrheiten gefragt wird. Oder in der anderen Form, daß man über das Verhältnis des göttlichen Verstandes zum göttlichen Willen scharfsinnige Untersuchungen anstellt. Alle diese Grübeleien haben selbstverständlich einen sehr tiefen Sinn, insofern sie in der Erkenntnis gipfeln, daß die höchste und letzte Ordnungsnotwendigkeit alles Seins eine schlechthin thetische Faktizität darstellt, gleichsam eine oberste Diktatur der Vernunft, hinter die nicht zurückgegangen werden kann. Aber wir stehen damit nur vor dem gewaltigen Rätsel der göttlichen absoluten Existenz in ihrer ewigen Einheit und Invariabilität. Und eben dies drückt dann das Wesen des Geistes in seiner höchsten Vollkommenheit aus, daß im tiefsten Grunde alles Seins nur *ein* absolut vollendeter Personalcharakter steht, nur ein einziger Personwille, der niemals teilhat an der ewigen Veränderlichkeit aller endlichen Wesen und Gestalten. Auch Schelling kam 1809 nur deshalb wieder auf den Begriff einer Natur in Gott, weil er diese ewige Identität der göttlichen Absolutperson, erschreckt über ihre unvordenkliche Vernunftfaktizität, nicht zu fassen vermochte und deshalb mit Kategorien der Endlichkeit in diese heilige Region ewiger Sichselbstgleichheit vordringen wollte. Aber auf diese Weise löste er dann auch diese Identität wieder auf und versetzte sie spinozistisch in den Prozeß eines endlichen Werdens – sein Theismus scheiterte hier schon an der Schwelle seines im übrigen so verheißungsvoll angelegten Unternehmens.

Alle derartigen Versuche jedoch, so etwas wie eine dunkle, triebhaft-impersonale Grundschicht in das Zentrum des absoluten Geistes zu verlegen, liefern nur den Beweis dafür, daß man die notwendige Priorität des personalen Prinzips vor dem sachlichen Prinzip nicht erkannt oder wenigstens von der wesensmäßigen Reinheit des Geistprinzips auf dem Gipfel seines Eidos sich keine Rechenschaft abgelegt hat. Wenn nämlich das Wesen des Geistes überhaupt, wie oben bemerkt wurde, in der Form der personalen Aseität sein besonderes Merkmal hat, dann muß im Kulminationspunkt des geistigen Eidos diese Aseität im strengsten Sinne als *absolute Aseität* gefaßt werden. Man darf sie sich also nicht wiederum durch irgendeinen Rest des blinden Substanzprinzips trüben lassen. Tut man es doch, dann ist damit weder die Reinheit der beiden Sphären von Natur und Geist, soweit sie als letzte Regionen in Frage kommen, gewahrt, noch auch ist dem höchsten Begriff des Geistes Genüge getan. Die alte Streitfrage, ob die ewigen Wahrheiten vor Gott zu stellen sind oder Gott vor die ewigen Wahrheiten, hat also die schwerwiegende Bedeutung, sich dahin zu entscheiden, ob Gott oder eine Logossubstanz als das

Primäre zu gelten hat. Und sie kann nur dahin beantwortet werden, daß sowohl Gott als auch die Logossubstanz am Anfang alles Seins stehen, aber in der absoluten Identität des personalen Prinzips. Es kann deshalb in Gott auch nicht ein Minimum von impersonaler Undurchdrungenheit zugegeben werden, da sonst die ratio selbst in ihrem thetischen Seinsbestande in Gott die Rolle eines irrationalen Prinzips spielen würde. Vielmehr besteht gerade darin die absolute Geistigkeit der göttlichen Wesenheit, daß ihr personaler Vernunftwille bis zum letzten Rest die invariable Schicht des Seins nicht etwa bloß durchdringt oder durchgreift, sondern als reinste Ichheit diese Invariabilität selbst darstellt. Ihre Geistigkeit also und der absolute Logos rükken völlig ineinander und bilden eine so feine und überhaupt unauflösbare Identität, daß niemals an eine Aufspaltung dieser zentralen Innerlichkeit, etwa in die Dualität von Ich-Subjekt und Ich-Objekt, zu denken ist. Deshalb ist denn auch sogar der vielberufene Begriff des Aristoteles, in dem Gott als die »νόησις νοήσεως« gefaßt wird, noch ein Zugeständnis an die gequälte Künstlichkeit unseres in den Kategorien der Diskursivität festgehaltenen Denkens.

Nur der endliche Geist ruht bei seiner bloß relativen Aseität auf einem ihm selbst dunkel bleibenden impersonalen Grunde, und eben deshalb muß er, so tief er auch in sich selbst hinabzuschauen versuchen mag, stets das Geständnis ablegen, daß er nur staunend und erschauernd sich über die ewigen Gründe seines eigenen Wesens hinabbeugen kann. Dem sich selbst Erkennenden eröffnet sich gleichsam erst das unergründlichste Mysterium alles Daseins, weil sein geistiges Auge in der angestrengtesten Selbstschau nur bis zu jener Basis hinabdringt, über der die ewige Finsternis des »ab alio«[10] lagert. Nur der absolute Geist ist für sich selbst wie ein völlig durchsichtiger Kristall, er ist das reinste und feinste Auge, das überhaupt denkbar ist, weil er nur Auge ist und doch zugleich Auge, das sehend sich selbst und das Andere setzt.

Die Sprache der negativen Theologie bezeichnet diese reine Subjekt-Identität des göttlichen Wesens auch als absolute Übergegensätzlichkeit oder als die lauterste Simplizität. Und diese Übergegensätzlichkeit ist so streng zu fassen, daß in ihr selbst die begriffliche Polarität von Notwendigkeit und Freiheit sich in eine Identität verwandelt, die noch jenseits dieser Doppelheit liegt. Schließlich aber bleibt unserem endlichen Denken auf diesem höchsten Gipfel der spekulativen Problematik nur noch die rein tautologische Formulierung für das Wesen und Dasein des absoluten Geistes übrig: *Gott ist Gott.* Und darin drückt sich dann am schärfsten die absolut personale Faktizität des göttlichen Vernunftwillens aus. Es ist daher auch begreiflich genug, daß im menschlichen Geiste beim Anblick dieser völlig unvordenklichen und unergründlichen Faktizität des absoluten Vernunftwillens schlechthin alle gegensätzlichen Affekte der Seele hervorbrechen können, von den feinsten Schauern des Staunens und der Ehrfurcht bis zum höllischen Grausen prometheischer Trotzinstinkte.

Indem wir nun aber auf diesem Wege von der ungeistigen Region der Natur bis zur polar entgegengesetzten Region des absoluten Geistes gelangt sind, ergibt sich uns die Möglichkeit, für das Doppelphänomen von Naivität und Pietät eine genauere metaphysische Ortsbestimmung zu versuchen, da ohne eine solche sein Wesen nicht zu klarer Erkenntnis gebracht werden könnte. Soviel nämlich mag uns nach dem Einblick in die lautere geistige Identität der göttlichen Personalsphäre als gesichertes Ergebnis erscheinen, daß ebensowenig wie in der blinden Naturregion, der metaphysische Ort für dieses Doppelphänomen in der Absolutregion des göttlichen Geistes gesucht werden kann.

# Metaphysik des Geistes

*Der folgende Abschnitt ist das Schlußkapitel (21.) aus »Naivität und Pietät« und bringt das Ergebnis, den »Generalnenner«, wie Wust sagt, der die Einzelanalysen zusammenfaßt. Die Lektüre dieses Kapitels vermittelt zugleich einen typischen Eindruck der Denkweise und Gedankengänge des Philosophen. Hinsichtlich der »Präzision« in den »Notwendigkeitsrelationen« denkt die moderne »Physik« heute anders und bringt diese »Metaphysik« in Schwierigkeiten (z. B. die Unbestimmbarkeit, der Zufall, das Spiel), obwohl sie sich in ihrer Anwendung, der Technik, mathematisch exakt auf die Natur verlassen kann. – Ganz anders mit der geistigen Freiheit, die »für das menschliche Ich eine fast unmögliche Aufgabe« darstellt. Die Lösung findet Wust im »doppelten Kontingenzhabitus von Naivität und Pietät mit der Willigkeit des Kindergemüts und mit restlosem Vertrauen«. –*

*Ehrfurcht, Staunen, Pietät bilden das Gegengewicht zum selbstherrlichen Willen, der sogenannten Aseität.*

*Bei aller zeitbedingten Abhängigkeit in der Art der Formulierung und des Interesses für innere Vorgänge strahlt dieser Text eine Sicherheit aus, die heute nie mehr zustande kommt. Sie erklärt wohl, weshalb Peter Wust mit seiner Philosophie damals wie mit einem brennenden Licht ohne Windschutz durch seine Zeit gegangen ist, ein starkes Licht, das sichtbar war und zu Einsichten verhalf, die seinen Schülern die Kraft verliehen, ihren Weg in einer schier aussichtslosen Zeit zu finden.* (Quelle: GW Bd. II, S. 347–356)

## Aus: »Naivität und Pietät«, 21. Kapitel

Die Vermutung, die wir gleich beim Eintritt in unsere Untersuchung ausgesprochen haben, daß nämlich die Analyse des Doppelphänomens von Naivität und Pietät uns allem Anschein nach mitten in die Problematik der Metaphysik des Geistes hineinführen werde, hat sich, wie wir jetzt rückschauend sagen dürfen, vollauf bestätigt. Denn um zum letzten und tiefsten Verständnis dieses Phänomens vorzudringen, mußten wir fortwährend den Unterschied zwischen Natur und Geist im Auge behalten und außerdem mit besonderer Aufmerksamkeit das Aseitätsprinzip des Geistes stets wieder in den Mittelpunkt unserer Betrachtung rücken. Was aber hat sich uns nun dabei ergeben? Auf welchen Generalnenner läßt sich jetzt das alles bringen, was in der Einzelanalyse an unserem Auge vorübergezogen ist?

Wir sind ausgegangen vom Prinzip des Geistes. Was fordert dieses Prinzip aus innerer Wesensgesetzlichkeit? Es verlangt, wie wir wissen, die *personale Tat.* Personale Tat aber ist nur möglich auf der Basis eines geistigen Selbstandes. Deshalb aber bedeutet denn auch die personale Tathandlung zunächst ein gewisses Heraustreten des Wesens, das sie vollzieht, aus dem allgemeinen Naturzusammenhang des Seins. Das handelnde Ich muß stets einen

Rückzug auf sich selbst unternehmen, wenn es sich als Person betätigen, wenn es die potentiell in ihm angelegte Kraft seiner Freiheit in seinen geistigen Selbstbesitz bringen soll. Dieser Rückzug des Ich auf sich selbst, ohne den keine Erkenntnis und überhaupt keine schöpferische geistige Tathandlung möglich ist, bringt nun aber bei einem Wesen von bloß endlicher Geistigkeit allemal eine die Freiheit selbst bedrohende Gefahr mit sich. Es ist die Gefahr der absoluten Trennung des endlichen Ich von dem allgemeinen Relationszusammenhang des Seins, in den der menschliche Geist auf Grund seiner geschöpflichen Kontingenz hineingestellt ist. Das endliche Ich ist immer zugleich auch an ein Es und ein Du und ein Wir gebunden. Aber als handelndes Ich ist es aufgefordert, von *sich aus* in Tätigkeit zu treten, seinen personalen Selbstand zu erweisen. Im ontologischen Wesen des Ichprinzips liegt also von vornherein auch die Gefahr der absoluten Isolierung des endlichen Geistes verborgen. Die Schlange, die im Paradies schon dem ersten Menschen das verlockende Wort zuflüsterte: »Eritis sicut Deus, scientes bonum et malum«[65], diese Schlange der Verführung züchtet das Ich in sich selbst. Die Freiheit ist für den Menschen eine immerfort lockende Gefahr; in der eigenen Brust vernimmt er ohne Unterlaß die raunenden Stimmen des teuflischen Abgrundes. Diese Gefahr besteht z. B. nicht im mindesten dort, wo ein geschaffenes Wesen absolut zentriert ist in den unzerreißbaren kosmischen Notwendigkeitsrelationen. Hier klafft nirgends eine Wesenslücke auf; alles Besondere ist in der ungeistigen Region immer mit einer letzten denkbaren

Präzision in den einen Mittelpunkt des Seins hineingestellt, ja, hineingebannt, und es ist hier nicht die geringste Möglichkeit zu einer Verrückung oder Verschiebung des Individuationszentrums gegeben. Das Ich jedoch ist schon von Natur aus dem kosmischen Zusammenhang herausgerückt. Objektiv zwar ruht auch der Geist immer im Zentrum des Seins. Subjektiv aber soll er in der schöpferischen Tathandlung den Schwerpunkt in sich selbst hineinverlegen, freilich so, daß er dabei nicht in Widerspruch gerät mit dem objektiven Gesetz. Eine unglaubliche Paradoxie ist also der Geist, wie immer wieder gesagt werden mußte, und eine noch unglaublichere Paradoxie wird im schöpferischen Handeln von ihm verlangt. Er soll im Zentrum der Dinge, er soll im Mittelpunkt des Seins ruhen; aber er soll zugleich auch in seinem eigenen Zentrum wirken. Er soll subjektiv sein, ohne Subjektivist zu werden. Er soll objektiv sein, ohne sich an das Objekt zu verlieren. In der Tat, das Prinzip der Freiheit stellt für das menschliche Ich eine fast unmögliche Aufgabe dar. Du sollst dich selbst finden, indem du dich selbst vergißt. Du sollst dich als Ich nicht vergessen, damit du dich nicht dem Objekt preisgibst. Du bist als Ich schon aus dem Zentrum der Dinge herausgerückt, und du sollst zu dieser deiner eigenen natürlichen Exzentrizität sogar ein beherztes Ja sagen. Aber du sollst eben durch dieses Jasagen zu deiner exzentrischen Natur, zu deiner ontologischen Ausgestoßenheit, sogar wieder zurückkehren in den unverrückbaren Mittelpunkt der Welt, in den einen Schwerpunkt des gesamten Universums. Welch ein ungeheuerlicher Widerspruch liegt darin für dich, welche Not, welche Gefahr schon in der Wurzel deiner Wesenheit, welche entsetzliche Verlockung zur stolzen Isolation, welche süße Umschmeichelung durch das Mysterium der Macht! Ist es ein Wunder, wenn ein Denker wie Rousseau die Theorie vom *Fluch des Geistes* aufgestellt hat? Ist es so erstaunlich, daß bereits die Griechen jenen tiefen Mythos vom prometheischen Trotz des Geistes geschaffen haben? Und die Bilder der Bibel von der Versuchung des Menschen durch die Schlange bis zum Turmbau von Babel, weisen sie nicht alle in die gleiche Richtung, deuten sie nicht alle auf diesen einen Punkt, auf das Gefahrmoment des Freiheitsprinzips, auf die dämonischen Abgründe unterhalb der geistigen Aseität?

Aber gerade an diesem Punkt, wo sich uns der Ausblick in das Mysterium einer möglichen Bosheit des Geistes eröffnet, in das unergründliche Geheimnis des *radikalen Bösen, nicht als Naturanlage freilich, sondern als Ergebnis des Freiheitsvollzuges,* enthüllt sich uns auch erst das Wunder der ewigen Schöpferweisheit, die alle Freiheitsgefahr durch geheimnisvolle Liebesgesetze wieder verscheucht hat, indem sie auch dem Menschen wieder die Wohltat der impersonalen Unbewußtheit für die Erfüllung seiner so paradoxen Freiheitsaufgabe zukommen läßt. In der Analyse des Doppelphänomens von Naivität und Pietät haben wir fortwährend diese kosmischen Liebesgesetze im Universum des Geistes in ihrer Wirksamkeit beobachten können. Das nämlich ist letzten Endes der ontologische Gesamtsinn dieses seelischen Doppelphänomens, *den Gefahren der Freiheit durch die Natur zu begegnen.*

Durch die Naivität wird zunächst freilich der Geist als geistiges Wesen konstituiert. Denn die Naivität bedeutet ja schon sein Herausgehobensein aus der Blindheit des Naturverhängnisses. Aber die natürliche Dumpfheit der Naivität läßt dann doch auch wieder bei der menschlichen Seele den Riß zwischen Natur und Geist nicht absolut werden. Sie hält den Menschen auch wieder in der Nachbarschaft der Naturregion fest. Sie läßt ihn teilnehmen an der Wohltat einer naturhaften Triebsicherheit, ohne ihm die Wohltat der geistigen Aseität zu entziehen.

Auf der anderen Seite aber wird der Mensch durch die Naivität, d. h. durch die Eröffnung einer *Lichtspalte des Geistes* jener grenzenlosen und beglückenden Lichtfülle entgegengeführt, in der für immer der ewige Urgeist wohnt. Dadurch aber, daß immer nur ein schwacher, begrenzter Lichtschimmer aus jener Lichtfülle in seine Seele eindringt, weil sein endliches, unvollkommenes Geistesauge die ganze Intensität jener Lichtkraft nicht zu ertragen vermöchte, bleibt nun auch wieder im endlichen Geist das Kontingenzbewußtsein erhalten, und ein unendliches Streben und Sehnen nach Licht und nach Lichtbeglückung ist die Folge. Diese unendliche Sehnsucht aber treibt auch den Geist an zu endloser, nimmerruhender schöpferischer Arbeit; sie weckt in ihm das schöpferische Prinzip, das ihn ja eigentlich erst zum Geiste macht, weil nur Aktivität dem Geiste gemäß ist. Aber absolute Aktivität widerspricht wieder dem endlichen Wesen des geschaffenen Geistes. So wird denn auch gerade durch die Naivität der größere Teil der schöpferischen Arbeit von der impersonalen Natur übernommen, von jenen Triebkräften, die in der Region der ungeistigen Natur ausschließlich wirken.

Der ontologische Aufbruch der blinden Notwendigkeitssphäre durch die Öffnung einer minimalen geistigen Lichtspalte hat nun aber auch zur Folge, daß der blinde Naturtrieb, dieses schattenhafte Analogon des Willens, sich in den wirklichen geistigen Willen umwandelt. Denn es gibt nur dort wirklich einen Willen, wo sich der Trieb mit dem geistigen Licht vermählt. Erst mit dem Geisteswillen jedoch erhebt sich eigentlich die Gefahr der Freiheit, die Gefahr der Isolation von Ich und Universum. Und hier sehen wir nun ein neues Wunder der ewigen Schöpferweisheit. Denn der Hybrisgefahr des Willens ist wieder dadurch vorgebeugt, daß der universale Ordnungsdrang alles Seins sich im Grunde der Geistseele als ein ständig nach oben bohrender *objektiver Liebestrieb* erhält, als ein Naturprinzip des Geistes, das als sein anderes, sein edleres Ich, als der ewige Doppelgänger des wachen Ich erscheint, als sein guter Freund und wohlwollender Lebenskamerad. Es ist sein *»δαιμόνιον«*, das auch in den dunkelsten Stunden der Bosheit noch wie ein Grundbaß die Obermelodie aller seiner Taten begleitet. Es ist der Kontingenztrieb *der Ehrfurcht und Pietät,* die eigentliche synthetische Grundkraft der Seele, die stets der Aseität des Geistes das Gegengewicht hält.

Überall nun, wo der Mensch sich dem doppelten Kontingenzhabitus von Naivität und Pietät mit der Willigkeit eines Kindergemüts und mit restlosem Vertrauen hingibt, da entstehen auch jene beglückenden und allemal schöpferischen harmonischen Ruhelagen der Seele, die seinem ganzen inneren und äußeren Menschentum gleichsam das Gepräge einer jenseitigen Verklärung verleihen und die ferner all sein Kulturschaffen mit einer selbstverständlichen Leichtigkeit, Sicherheit und Heiterkeit sich vollziehen lassen, weil ja in ihnen die ganze Seele mit der Vollgewalt aller ihrer poietischen Urkräfte in Tätigkeit tritt. Wo aber der Mensch gegen diesen Naturtrieb seines innersten Wesens auf Grund seiner personalen Aseität in die Kampfstellung übergeht, da entsteht auch sofort die seelische Dissonanz, und aus ihr heraus entwickelt sich allmählich jene fortdauernde innere Unseligkeit und Instabilität, die mit der Zeit auch das Kulturschaffen des Menschen lähmt und zur Unfruchtbarkeit verurteilt.

Im Grunde aber gewährt so das Doppelphänomen von Naivität und Pietät einen Ausblick auf den gesamten metaphysischen Bereich des Seins. In der naturhaften Form der primitiven Einfalt reicht es an die glückliche Stabilität der Natur heran. In der geistig verklärten Form der Weisheit versetzt es uns in die Nähe der Ewigkeit, indem es etwas von dem Glanz der übergegensätzlichen Region auf den Zügen des in der Erfahrung gefestigten Menschen aufleuchten läßt. Und schließlich zeigt es uns am Gegenpol der Weisheit den purpurnen Schein jener Region, wo die satanische Verstocktheit sich infolge der geistigen Ohnmacht der Verblendung *die Unseligkeit der selbstgewollten Liebesberaubung* als Schicksal auferlegt.

Wenn wir nun am Schluß unserer Untersuchung noch einmal unsere Gedanken auf einen einzigen Punkt zusammendrängen wollen, dann ergibt sich eine ganz merkwürdige Tatsache für das große Menschheitsideal der *Humanität.* Der Mensch tritt nämlich in der Tat schon als Kind mit dem Gottesgeschenk der Humanität in die Welt ein. Und seine Aufgabe ist daher nur die, ja, sie kann nur die sein, *seine Kindheit* durch alle Gefahren, mit denen ihn seine Freiheit bedroht, glücklich hinüberzuretten an das andere Ufer, dem seine Lebensfahrt zustrebt. Gewiß lagern in seiner Kindesseele auch schon die Giftstoffe der gesamten kollektiven *Erbschuld* der menschlichen Sozietät. Aber sie sind noch gebunden durch das *»Erbgute«* in ihm, und dieses Erbgute seiner Kindheit ist also sein eigentlicher natürlicher Geistesbesitz, den er, in die Phase der Entwicklung eintretend, im geistigen Selbstvollzug seiner Freiheitskraft erst wirklich in seinen vollen Selbstbesitz bringen soll. Bewahrt er die Kindheit, die in ihm schlummert, durch alle Gefahrzonen der Willens- und Freiheitsoszillation hindurch, dann hat er das Palladium der Humanität glücklich heimgeholt. Verliert er diese Kindheit im Kampfgebiet des Lebens, dann war alles umsonst; dann war der Naturegressus des Geistes für ihn ein Fluch; denn er hat ihn zum absoluten Egressus aus dem Reich ewiger Liebe und Güte geführt.

Wie aber bewahrt sich der Mensch seine Kindheit? Wir wissen es, denn wir kennen bereits die Paradoxie des Geistes, die zwischen Subjektivität und Objektivität herüber- und hinüberspielt. Der Mensch wird nur dort ganz Mensch, wo er, statt krampfhaft und stolz auf das Prinzip seiner geistigen Aseität zu pochen, sich so vertrauensvoll wie ein Kindergemüt den tiefsten, lautersten Liebesgesetzen seiner unverdorbenen Natur überläßt. Er soll dabei ganz gewiß seine geistigen Kräfte ausnützen, er soll seine geistige Motivationsfähigkeit in Bewegung setzen, er soll immer mehr ein personales Eigenwesen werden. Aber er wird um so mehr zur geschlossenen Persönlichkeit, je weniger er bei all seinem Schaffen an sich selbst denkt. *Er wird um so mehr Subjekt, je mehr er sich zu objektivieren versteht.*

Keiner aber hat schöner als Goethe diese paradoxe Tatsache, die im Prinzip des Geistes verborgen liegt, zu formulieren gewußt, und zwar ohne Zweifel deshalb, weil er, trotz aller seiner orestischen Erbanlagen, im tiefsten Grunde seiner Seele stets ein großes, staunensseliges Kind geblieben ist; weil er, ungeachtet aller Schuld, durch die ihn sein gefahrenumdrohtes Wesen schleppte, wenn auch nicht schleppen mußte, ein später franziskanischer Geist war, der naiv und pietätvoll in jedem Augenblick seines Lebens ehrfürchtig staunend vor dem einen großen Mysterium des Daseins stand. Alles, was über das Wesen des geistigen Objektivismus überhaupt gesagt werden kann, das hat Goethe in dem *einen* Wort zum Ausdruck gebracht, das er am Abend des 29. Januar 1826 an Eckermann richtete. »Ich will ihnen,« so erklärte er an jenem Abend dem geistigen Begleiter seiner Altersepoche, »ich will Ihnen etwas entdecken, und Sie werden es in Ihrem Leben vielfach bestätigt finden. Alle im Rückschreiten und in der Auflösung begriffenen Epochen sind subjektiv, dagegen aber haben alle vorschreitenden Epochen eine objektive Richtung.« Dieses Wort dringt bis in den Zentralpunkt

aller Metaphysik der Geschichte hinein, und unsere ganze mühselige Untersuchung war nötig, um dieses eine Goethewort zu interpretieren.
Das Neue Testament aber hat die Wahrheit dieses Wortes noch schlichter auszusprechen verstanden, wenn es sagt: »So ihr nicht werdet wie die Kinder, so werdet ihr nicht in das Himmelreich eingehen.« Greifen wir aber in den Weisheitsschatz der Antike hinein, so finden wir auch dort einen Ausspruch, der mit jener Schlichtheit, die der Antike so gemäß ist, dieses letzte Geheimnis des Geistes zu deuten und zu umschreiben versucht, das Geheimnis aller Humanität überhaupt. Was nämlich Goethe mit der feinen Kunst seiner Erfahrungsweisheit so wissenschaftlich präzise in seinem Wort an Eckermann formuliert hat, was dann wie aus Kindermund vom Neuen Testament herüber an unser Ohr klingt, das hat der griechische Dichter Menander einmal in den unscheinbaren Vers zusammengedrängt:

*Ὡς χαρίεν ἐσθ᾽ ἄνθρωπος, ὅταν ἄνθρωπος ᾖ.*

»Wie wundervoll ist der Mensch,
wenn er ganz Mensch ist.« (P. Wust)

# Das Pendel

*Das nachfolgende »Schema« befand sich in einem Begleitbrief, den Peter Wust mit einem Aufsatz-Manuskript an den Herausgeber der Zeitschrift »Hochland«, Karl Muth, (1922) gesandt hatte. In diesem Brief berichtet er über den Plan zu einem großen Buch »Die Dialektik des Geistes«.*
*Das »Schema« sollte erläutern, welche geistige Konzeption diesem Buch zugrunde liegen würde. Wust erarbeitete seine Bücher nicht aus der Bezugnahme auf »einschlägige« Literatur, er hatte auch keinen »Zettelkasten«. Wenn er sich auf andere Philosophen bezog, hatte er diese Hinweise oder die Bezugnahmen »im Kopf«. So zitierte er auch nicht anhand der Texte, sondern auswendig. Für penible Exaktheit hatte er offenbar keine Zeit.*
*Briefen an Freunde kann man entnehmen, daß er seine Bücher und Aufsätze wie Ein- und Ausatmen, gleichsam in einem Zug, niederschrieb, in einer ungemeinen Anstrengung, ohne Stenographie oder gar Schreibmaschine; die letzte Fassung in Reinschrift mit Tinte und Feder. – Vielleicht hatte er ein »Schema« im Kopf, wie es hier, dank eines Zufalls, geboten werden kann. Man muß es durchschauen und die »Pendel« in Bewegung setzen, die Pendel der Ewigkeit und der Geschichte, und darüber nachdenken, nachsinnen, mitphilosophieren. Man beachte die beiden Gräben, den »hiatus naturalis« und den »hiatus spiritualis«, die beide »Ungewißheit« aber auch »Wagnis« provozieren.*

(Quelle: GW Bd. III/1, S. 26)

# Aus: »Die Dialektik des Geistes«

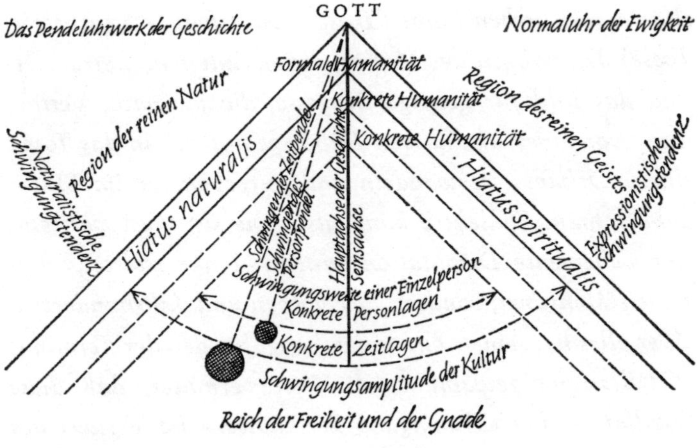

## Dialektik - Oszillation

*Wust bedient sich des Ausdrucks »Dialektik« im ursprünglichen Sinne des griechischen Wortes »dialegesthai«, sich in Rede und Antwort unterhalten, also nicht im hegelianischen oder marxistischen Sinne (These – Antithese – Synthese – These). Die Wogen des Meeres, die er einleitend betrachtet, sind das Bild für geistige Prozesse, die je »nach Wetterlage« von einer scheinbaren Ruhelage aus sich in das Tosen eines »Orkans« verwandeln und aufgepeitscht im Sturm dahinfahren. Dialektik kann also, wie sie Wust versteht, eine vehemente Disputation sein, nicht nur zwischen einzelnen Menschen, sondern in Epochen und Jahrhunderten. Aber alles hat seinen Zusammenhang, für den der Terminus »Oszillation« gewählt wird. Wust vermutet, daß diese Oszillation den »Traumgang der Geister« im Verlauf der Geschichte ebenso regelt, wie das Gravitationsgesetz als Ordnungsprinzip in der Natur wirkt. Das ist eine Entdeckung, die lohnt, festgehalten zu werden: Es gibt offenbar eine Durchlässigkeit von Mensch zu Mensch, die es ermöglicht, unmittelbare Kontakte herzustellen, die bis in die Herzmitte, bis in unsere seelischen Tiefen und geistigen Höhen reichen. Mit den Worten unseres Philosophen: »Gibt es vielleicht einen metaphysischen Leitfaden, der uns hindurchgeleiten könnte durch das tausendfältige Labyrinth der Dialektik des Menschengeistes?« Es gibt ihn. –*

(Quelle: GW Bd. III/1, S. 27–45, 49–53)

# Aus: »Die Dialektik des Geistes«, Einführung und 1. Kapitel

Geheimnisvoll und wie erfüllt von schlummernden dämonischen Urkräften, so will uns das Meer erscheinen, wenn es ruht, oder vielmehr, wenn es, das in Wirklichkeit niemals völlig ruhende, nur ganz leicht bewegt wird vom ewigen Wellenschlag seiner eigenen inneren Unruhe. Erhaben jedoch erscheint es uns, wenn der Sturm hineinfährt und die unabsehbaren Wassermassen wild aufpeitscht, sodaß wir nunmehr mit einem Male die vorher nur dunkel geahnten Möglichkeiten seiner Dynamik als konkrete Erscheinungen wie in einem gigantischen Gesamtgemälde vor unseren Augen entfaltet sehen.

Das unendliche Reich des Menschengeistes und seiner nie stillstehenden Geschichte ist in ähnlicher Weise zwischen diese beiden Grenzzustände von Ruhe und Bewegung eingespannt. Sein innerstes Wesen offenbart uns zwar eine niemals unterbrochene metaphysische Oszillation des glückstrebenden, d. h. seine Vollkommenheitsruhelage suchenden Menschenwillens. Aber diese uns allezeit rätselhaft bleibende innere Unruhe des Menschenwillens führt doch auf der einen Seite bis hart an die Grenze der bloßen Potenz aller Willensdynamik heran, bis zu jener Grenze nämlich, an der wir die dämonische Urgewalt dieser Kraft zeitweilig wie im Schlaf befangen glauben möchten und die gewissermaßen grenzenlosen Möglichkeiten ihrer Aktualität nur dunkel zu ahnen imstande sind. Und nur zuweilen, wenn der Sturmwind einer großen historischen Epoche die schlafenden Geister aufrüttelt, gewahren wir mit Staunen und Überraschung, wie sich der menschliche Wille auch jener anderen Grenze einer sozusagen ins Unendliche ausgreifenden Bewegung anzunähern vermag.

Infolgedessen ist denn auch eigentlich erst in einem solchen Augenblick, wo das historische Dasein in den Formen einer bis ins Höchste gesteigerten Leidenschaftlichkeit bewegt wird, für denjenigen, der das verborgene Gesetz dieses Gesamtdramas menschlicher Willensbewegung aufspüren möchte, die rechte Stunde gekommen. Liegt es doch auf der Hand, daß man, ähnlich wie die Riesengewalt des Meeres nur in jenem Grenzzustande des Sturmes, so auch das Wesen jener Phänomene, die den Inbegriff der Geisteswelt ausmachen, am bequemsten an den stärkeren Deklinationserscheinungen ihrer Bewegungs- und Entwickelungsbahnen abzulesen vermag. In dem kritischen Augenblick nämlich, wo sich die Wesenheit des Menschlichen gleichsam wider sich selbst auflehnt und sich dem äußersten Punkt des ihr zugewiesenen metaphysischen Entfaltungsspielraums nähert, muß sie uns am meisten von der inneren Gestaltgesetzlichkeit ihrer spezifischen Struktur erkennen lassen. Nun kommt aber für die Betrachtung aller historischen Bewegung zu dieser Erkenntnisbedingtheit im Objekt noch eine andere hinzu, die das die Erkenntnis suchende Subjekt betrifft. Und diese letztere Bedingtheit hat einen völlig umgekehrten Charakter wie die erstere. Wenn sich uns nämlich auch die Phänomene des Geistes deutlicher im Krisenzustand der gesteigerten Bewegtheit und der Auflehnung gegen die Weltharmonie offenbaren als in dem einer relativen Ruhelage, so wird doch gerade auf seiten des die Erkenntnis suchenden Subjekts das volle Gegenteil jener leidenschaftlichen Bewegtheit verlangt. Denn die Betrachtung der höchsten Angelegenheiten menschlicher Gemeinschaft ist gewissermaßen eine sakrale Aufgabe, und für eine Aufgabe von solcher Weihe ist deshalb die Versenkung des betrachtenden Subjekts in die tiefste, von keinem Weltlärm mehr gestörte Stille der Ewigkeit unumgängliches Erfordernis. Leider pflegt nun aber gerade bei der Betrachtung der in der Historie auftretenden Oszillationsphänomene des Geistes, wie ja das Beispiel so mancher Historiker gezeigt hat, die im historischen Gegenstande beobachtete Leidenschaftlichkeit der Willens- und Tatzentren wie von selbst bis in die Wurzel des die Erkenntnis suchenden Subjekts hinabzuzittern. Gar zu leicht wird hier das Herz des Beschauers, mitergriffen von der Leidenschaftlichkeit im Spiel der Geschehnisse, zu einer bloß vitalen Mitbewertung hingerissen, wo doch nun einmal eine Parteilichkeit von ewigem, übervitalem Charakter als Bedingung wie als Ziel einer solchen besonderen Erkenntnis gefordert erscheint.

Und so muß sich denn der Betrachter des großen, immer mit vitaler Leidenschaft gespielten Willensdramas der menschlichen Historie in ganz besonderer Weise gegen die Gefahren einer bloß relativ-vitalen Anteilnahme an den Geschehnissen vorsehen. Namentlich in den Zeiten einer historischen Sturmflut muß er sich mit philosophischer Gelassenheit wappnen, damit der ruhigen Linie ewiger Objektivität in seinem Gemälde der geistigen Wirklichkeit kein Eintrag geschieht. So unmittelbar nahe er auch stets dem Leben in der Relativität seiner Erscheinungen zu bleiben hat, so muß er doch dauernd tief in sich selbst hinabsteigen, bis zu jenem Punkt nämlich, wo sein zeitlich mitschwingendes oder mitfließendes Wesen sich mit der unerschütterlichen Konstanz des ewigen Jetzt und der ewigen Memoria des göttlichen Geistes in geheimnisvoller Weise berührt. Tief in sich selbst muß er jenen Punkt absoluter Festigkeit zu gewinnen suchen, von dem aus er, wie von einem ruhenden, sicher gegründeten Felseneiland mitten im flutenden Ozean, die allgemeine Willensbewegung der Geister beobachten kann, ohne selbst in den Wogenstrudel relativer Vitalleidenschaftlichkeit und veränderlicher Tagesmeinungen mit hineingerissen zu werden.

Wer also gesonnen ist, sich einer ebenso schwierigen wie bedeutsamen Aufgabe, als welche uns die Metaphysik des Geistes und seiner historischen Dynamik erscheint, allen Ernstes zu unterziehen, der muß sich eines Tages gänzlich aus dem Lärm seines Jahrhunderts entfernen, um in einsamer Stille alles das, was sich so geheimnisvoll in dem näheren oder ferneren Umkreis seines Daseins begibt, wie aus einer gemessenen Distanz zu betrachten. In einem bestimmten Augenblick seines Lebens muß er entschlossen alle Fäden durchschneiden, die ihn mit der Vitalrelativität seiner Zeit noch verbinden, und den Felsen der Ewigkeit erklimmen, um mit einem ganz anderen Ernst als bisher alle diese ihn umflutenden Daseinsrelativitäten auf ihren tieferen Sinn und nach ihrem allerletzten metaphysischen Geheimnis zu befragen. In diesem entscheidenden Augenblick muß er alles hinter sich lassen, was er bis dahin als dieser in der Vitalbewegung mit darin stehende besondere Mensch noch liebte, die falsche Ehrfurcht vor zeitlichen Autoritäten, das von Ehrgeiz erfüllte Parteigezänk der Wissenschaftler, den menschlichen Hang nach Ruhm oder nach äußerem Aufstieg auf der Skala irdischen Fortkommens, das ängstliche Hinhorchen auf Lob oder Tadel der Menge. Wie ein unbestechlicher Richter muß er versuchen, sich selbst und die ihn umgebende Welt im Lichte der ewigen, unveränderlichen Normen des Seins zu betrachten. Für eine solche im höchsten Sinne sakrale Erkenntnis fehlte nun freilich bislang unserem durch und durch relativistischen Jahrhundert jene kindliche, übervitale Unbefangenheit, ohne die niemals ein Philosoph, angetan gleichsam wie ein Priester mit dem blendenden Weiß der Albe, an den Altar der Metaphysik herantreten sollte. Vor allem fehlte es diesem Jahrhundert einer fessellosen Freigeisterei, das in so vielerlei Hinsicht die festgebaute Straße der Vorzeit verlassen hatte, an der Tugend der Treue, an jener unsagbar feinen Substanz also, die alles Sein nähren muß, wenn es in sich selbst Bestand und Festigkeit haben soll.

Aber eben dieser verhängnisvolle Mangel an Unbefangenheit wie an frommer Treue und Beständigkeit ist es nun auch, der uns in diesem Zeitalter eines sich geradezu selbst überschlagenden Relativismus auf das besondere Problemfeld hinlenkt, in das wir hier eintreten sollen. Zwei Urtatsachen des Seins sind es von jeher gewesen, die fortgesetzt

das Denken der Menschheit beunruhigt haben und die heute wieder einmal mit ganz besonderer Intensität das Interesse des grübelnden Geistes auf sich hinlenken.
Warum, so mag sich oft ein von tiefem Lebensernst erfülltes Menschenkind gefragt haben, wenn es in stillen, sternhellen Nächten den majestätisch sicheren Gesetzesgang der kosmischen Welten betrachtete, warum folgen doch alle diese außermenschlichen Dinge und Erscheinungen mit einer so unverbrüchlichen Treue und Stetigkeit gewissen Gesetzen ihrer Natur, während im Bereich des Menschen, wie jeder flüchtige Blick in uns selbst oder in die Annalen der Geschichte beweist, überall und ohne Unterlaß ein Moment der Auflehnung und der Willkür sichtbar wird, das sich so offenkundig in Widerspruch setzt mit bestimmten, aus der Tiefe unseres Wesens heraufdringenden Stimmen, die wir, so sehr wir es auch zuweilen möchten, doch niemals zum Verstummen bringen können? Woher mag wohl dieser Gegensatz stammen zwischen der stetigen Natur um uns und der unsteten Natur in uns? Woher dieser gewaltige metaphysische Riß, der sich durch die Totalität des Seins und zwar gerade mitten durch unser eigenes Wesen hindurchzieht? Und ferner: wie erklärt sich eigentlich der ewige Umbruchscharakter aller menschlichen Geschichte von Epoche zu Epoche, von Jahrhundert zu Jahrhundert? Weshalb bauen denn die Schwalben ihr Nest durch alle Jahrtausende hindurch immer in der gleichen Bauform, während im Bereich des Menschen die Bauformen unablässig wechseln, und zwar nicht nur im äußeren Zuschnitt von Wohnung und Gewandung, sondern bis tief hinein in die

innere Struktur alles seelischen Geschehens und alles geistigen Gestaltens? Stehen wir hier nicht vor dem ganz merkwürdigen und beinahe beängstigenden Phänomen einer ewigen Unruhe des Geistes? Was mag eigentlich der Grund sein für diese ewige Willensunruhe der Menschennatur, die doch in einem gar zu auffälligen Gegensatz steht zur ewigen Wesensruhe der Natur? Und sollte es nicht auch ein metaphysisches Prinzip geben, das diesen nie aussetzenden Oszillationsprozeß des Menschenwillens, diesen Taumelgang der Geister, in ähnlicher Weise regelt, wie das Gravitationsgesetz die sichere Bestimmtheit und die haarscharfe Exaktheit der Planetenbahnen zu unseren Häupten gewährleistet? Oder, um mit einem einzigen Wort alle diese Einzelfragen zusammenzufassen: gibt es vielleicht einen metaphysischen Leitfaden, der uns hindurchgeleiten könnte durch das tausendfältig verschlungene Labyrinth der *Dialektik des Menschengeistes?*

Nun kann es bei der besonderen Natur dieser Problemstellung nicht weiter verwunderlich erscheinen, daß sie sich dem Fragesteller zunächst einmal im Hinblick auf die eigenen inneren Schwierigkeiten der persönlichen Lebensgestaltung aufdrängt. Mit einem gewissen Erschrecken wird ein jeder Mensch, der eines Tages zum Einblick in die seelischen Abgründe seines eigenen Wesens aufwacht, das bedrängende Antinomienspiel des Daseins sich schon in den Rätseltiefen seiner selbst entfalten sehen. Mit täglich wachsendem Erstaunen muß er dabei gewahr werden, wie tief in uns selbst Trieb gegen Trieb, Leidenschaft gegen Leidenschaft aufsteht, so daß es oft schwer wird, beim Wogengang der gegeneinander wirkenden Kräfte das Steuerruder disziplinierender Begrenzung und Zielsetzung fest in der Hand zu behalten. Und es mag dann wohl einem jeden, der zu ernstlicher Daseinsbewußtheit aufgewacht ist, so ergehen, daß er, wenn er nach dem Ablauf einer gewissen Lebensspanne prüfend hinter sich schaut, die bisher durchmessene Bahn seines Lebens selbst dann, wenn sich gar nichts Ungewöhnliches darin ereignet haben sollte, mit Werttrümmern aller Art wie übersät findet. Wie begreiflich also, wenn dem auf diese Weise ernstlich Rückwärtsschauenden die Natur des Menschen immer rätselhafter, immer unheimlicher vorkommen will!

Sollte nun aber auch jemand bei solcher Rückschau so glücklich sein festzustellen, daß ein gütiges Schicksal ihn bisher vor jeder eigentlichen Lebenshybris bewahrt habe, so bleibt auch dann noch für ihn die Unsicherheit bestehen, ob dies auch für alle weitere Zukunft der Fall sein werde, insbesondere dann, wenn ihm einmal die Tatsache aufgegangen ist, wie viele Gefahrzonen ein jedes auch noch so unscheinbare Lebensschifflein in Unkenntnis zu passieren hat. So wird also mit der Zeit einem jeden ernstlich zu sich selbst aufgewachten Menschen über das bloße Staunensbedürfnis hinaus auch die eigene innere Heilsunsicherheit und Heilsnot jene Kardinalfrage nach dem Wesen der Unruhe des Menschenherzens aufdrängen, nach dem tieferen Sinn des metaphysischen Urdranges unserer ganzen Menschennatur in die Richtung jener wahren Eudämonie, die darin zu bestehen scheint, daß wir dem feinsten und unbestochensten Liebesverlangen in uns eine restlose Erfüllung zu sichern versuchen.

Besonders glücklich aber trifft es sich für eine derartige Fragestellung, wenn der Fragende plötzlich auch das ganze Zeitalter, in dem zu leben ihm Schicksal geworden ist, aus langjähriger Ruhe in eine geradezu beängstigend sturmvolle Bewegung versetzt sieht. Und das eben ist heute der Fall. Im Laufe weniger Jahre hat sich das bisher so befriedet erscheinende Abendland in ein einziges großes Trümmerfeld von vernichteten Werten und Gütern verwandelt, und auch die übrige Welt ist rasch in diesen allgemeinen Wirrwarr der Dinge mit hineingezogen worden. Woher, so fragt man sich erstaunt, brauste denn nun auf einmal dieser neue Orkan der Geschichte in die Welt? Weshalb zerrissen plötzlich die langgewohnten Grenzen der Länder und Völker? Weshalb zerbrachen alle alten Maßstäbe? Weshalb stürzten die Staatsbauten ein, stülpten die Herrscherthrone, die jahrhundertelang gestanden hatten, sich um, rollten die Kronen und Diademe wie herbstliche Blätter »auf das Straßenpflaster«? Mit einem dumpfen, unheimlichen Erstaunen gewahrte man jetzt zum ersten Male persönlich, wie eigentlich Geschichte in ihren großen, kritischen Stunden sich auszunehmen pflegt, wie sie in solchen Augenblicken die ganze Dämonie menschlicher Leidenschaft aus langem Schlaf wieder aufzuwecken vermag, wie sie alles bisher so stabil Erscheinende in den Fluß einer nicht mehr aufzuhaltenden Bewegung hineinstößt. So sieht also, das war wohl bei vielen der erste Gedanke, so sieht die Menschheit aus, wenn die Cäsar und Napoleon wie gigantische Schatten des Schicksals über die Erde dahingleiten! Wie ein verwundertes Kind, das zum ersten Male den erzürnten Wogenschwall des Ozeans erblickt, so stand man jetzt, betäubt von der ungeahnten Wucht menschlicher Willens- und Triebkräfte, am Gestade der Zeit. Mit stummer Bewunderung und mit geheimem Grauen betrachtete man das gewaltige Willensdrama des Geistes, das sich sozusagen mit einer infernalischen Pracht vor unseren Augen entfaltete. Und nun fing man an, die Menschheitsgeschichte im Buche des Lebens nach rückwärts aufzublättern, um vom Gegenwärtigen aus das Vergangene besser zu verstehen und zu deuten, als man es bisher vermocht hatte. Denn jetzt erst schloß sich der Sinn auf für das Heroische in der Geschichte, und so lernte man die Sulla und Cäsar, die Cromwell und Napoleon plötzlich mit neuen Augen sehen. Man lernte die Thukydides und Tacitus, die Plutarch und Machiavelli mit völlig neuem Interesse lesen. Vor allem *eins* aber war es, was man unter dieser grellen historischen Belichtung nach so langer Betrachtung des Kardinalproblems als neue Erfahrung buchen konnte. Hatte man sich nämlich bisher, befangen vom allgemeinen Geist der Zeit, für die Sinndeutung von Geschichte und Leben im Hinblick auf den starken Drang und die wuchtige Stoßkraft gewisser Einzeltriebe der Seele, an den finsteren Prädestinationsfanatismus Calvins gehängt, so wollte nunmehr ein solcher Schicksalsglaube nicht mehr vollauf genügen. Zu deutlich enthüllte sich ja doch auch der Eigenwille alles Menschlichen als der große Gegenspieler des historischen Schicksals in den Ereignissen der Zeit. Namentlich in *einer* besonderen Hinsicht kam das jetzt klarer zum Bewußtsein. Die große Verwirrung, in die Europa plötzlich geraten war, bedeutete nur das Endstadium einer dreihundertjährigen Säkularisationsbewegung. Sie hatte also einen weltanschaulichen Hintergrund. Die wirtschaftliche Maxime des »laisser faire«, auf die man schließlich den Zusammenprall der Völker zurückführen könnte, war nur der letzte Ausdruck der fatalen Denkhybris, die an der Schwelle der neueren Zeit mit der radikalen Aufklärungsforderung des »Sapere aude!« eingesetzt hatte.

So drängte sich denn der Gedanke auf, daß nirgends in der Geschichte das Chaos in der bloßen Entladung von Vitalkräften oder im Zusammentreffen von reinen Schicksalsdominanten seine Ursache haben könne, sondern daß es darüber hinaus auch aus der *jeweiligen Anschauung* resultiere, die sich der Mensch von der metaphysischen Rangstellung seines Wesens im gesamten Stufenbau des Seins bilde und in seinen Taten geltend mache. Und dazu kam der weitere Gedanke, daß diese Wesensauffassung des Menschen und alles Menschlichen ihrerseits auch wieder eine Folge sei von einer schon zuvor *betätigten* Einstellung des Menschen zu seiner gesamten Umwelt, der sichtbaren wie der unsichtbaren. Hier liegt ein sehr eigentümlicher Zirkel vor zwischen Theorie und Praxis, zwischen Praxis und Theorie. Je nachdem nämlich der Mensch, der ja nur einen Teil des Universums ausmacht und in einem *objektiv* niemals verschiebbaren Rangverhältnis mitten im Universum steht, *subjektiv* sich in eine losere oder intimere Relation zur gesamten übrigen Umwelt setzt, je nachdem er also dem universalen Ordnungsdrang alles Seins in freier Entscheidung näher oder entfernter rückt, danach wechseln auch jeweilig in wundervoller metaphysischer Gesetzlichkeit die Perioden von Aufstieg und Verfall in der Geschichte. Von einer gewissen Proportion in dem ewigen Wechselspiel zwischen Seele und Universum, Mensch und Welt, Subjekt und Objekt scheinen also alle Harmonieverhältnisse des Menschendaseins wie auch alle Deklinationsphänomene des Geistes bedingt zu sein. Metaphysischer egressus und metaphysischer regressus des Menschenwillens regeln demnach, so darf man vielleicht sagen, den gesamten Oszillationsprozeß der Geschichte, und diese beiden Kategorien weisen uns dann tief hinab in die geistigen Untergründe der menschlichen Natur.

Sofort aber erhebt sich hier auch wieder ein sehr gewichtiges Bedenken. Hat sich nicht, so könnte man fragen, bei einer solchen Umwendung des Problems alles in einem sehr gefährlichen Sinne zu sehr ins *Anthropologische* verschoben? Und muß nicht schließlich nach den Erfahrungen, die wir seit Feuerbachs Anthropologismus gemacht haben, auf diese Weise unser Gedanke doch wieder in jenen Relativismus auslaufen, der heute wie eine giftige Atmosphäre unser ganzes Zeitalter erfüllt und dem zu entfliehen gerade jetzt die oberste Pflicht der Stunde ist? Indessen, man wird schon sehen, wie später dieser Gefahr vorgebeugt wird. Und man wird dann auch erkennen, wie der Anthropologismus, wenn er in der rechten Weise metaphysisch gefaßt wird, immer an der Grenzscheide steht, wo sich Skepsis und Metaphysik begegnen.

Was damit hier nur andeutungsweise gesagt sein soll, darüber belehrt übrigens sehr vorteilhaft ein flüchtiger Blick auf gewisse geschichtsphilosophische Lösungsversuche, die seit dem Beginn des 18. Jahrhunderts aufgetreten sind. Schon seit Giambattista Vicos »Scienza nuova« gibt es in der abendländischen Philosophie eine bald hier, bald dort auflebende Diskussion über den positiven oder negativen Wert der Kultur, und es ist höchst interessant zu sehen, wie die Verschiedenheit der kulturphilosophischen Ansichten in dieser fortgesetzten Debatte im Grunde immer mit der Differenz in der anthropologischen Einstellung irgendwie zusammenhängt. Zwei *extremistische* Parteien gab es nämlich seit Vicos Auftreten in der westlichen Kulturphilosophie (vielleicht könnte man ihre Spuren auch noch weiter rückwärts verfolgen), die den ganzen Streit um den Sinn der Kultur dadurch schlichten wollten, daß sie wenigstens theoretisch von einer radikalen Korrektur des Seins träumten. Es war zwar nur eine metaphysische *Umdeutung* der menschlichen Natur, woran sie dachten. Aber diese Umdeutung hatte doch schließlich den Sinn einer eventuellen praktischen *Umbildung* des Menschen. Das heißt: die Stufengesetzlichkeiten des Seins sollten gewissermaßen an jenem verhängnisvollen eidetischen Umschlagspunkte, an dem der Mensch im Universum steht, erschüttert und durchbrochen werden, um ihn, den unter seiner metaphysischen Unruhe Leidenden, ein für allemal von dieser Wesensunruhe und den aus ihr folgenden Gebrechen der Kultur zu befreien.

Man muß gestehen, daß diese Extremisten mit einem solchen *seinsrevolutionären* Ideal, so sehr auch alles begreiflicherweise nur Theorie war und stets nur Theorie sein

konnte, doch unbewußt an die ernstesten metaphysischen Probleme des Geistes rührten. Implicite erkannten sie ja gerade mit ihren radikalistischen Lösungsversuchen des Kulturproblems an, daß die ganze Ausnahmestellung des Menschen im Universum, die sie freilich nur als ein Verhängnis betrachtet wissen wollten, auf der merkwürdigen Verbindung zweier einander widerstrebender Seinsfaktoren beruhe. Ganz richtig sahen sie in dem Zusammentreffen von Natur und Geist oder von Instinkt und Reflexion die metaphysische Quelle jener Wesensunruhe des Menschen, die den unendlichen Progreß der Kultur zur Folge habe. Daß ihnen diese Wesensunruhe nur als eine Fatalität erschien, das war gewiß eine standpunktliche Einseitigkeit. Aber es lag doch ein sehr tiefer Sinn darin, daß sie sich die Aufhebung dieser Wesensunruhe mehr als ein ontisch-revolutionäres denn als ein ethisches Reformziel dachten.
Das Kardinalproblem dieser Geschichtsphilosophen lautete also: woher stammt das Phänomen der menschlichen Wesensunruhe und wie läßt sich diese Wesensunruhe beseitigen? Es war das eine sehr gut gestellte philosophische Grundfrage. Denn im Grunde dürfte es für die Philosophie überhaupt keine zentralere Frage geben als eben diese, dann wenigstens, wenn man einmal den großen Irrtum neuerer Jahrhunderte eingesehen hat, als sei die Philosophie nichts weiter denn ein rein szientifisches Geschäft oder ein gnostisches Abenteuer unserer wissensvorwitzigen Vernunft. Eine solche Philosophie hat es ja im Grunde niemals gegeben und wird es niemals geben, weil das szientifische Moment unserer Spekulation immer auch mit einem sogenannten

*soteriologischen* Moment eng verbunden ist, selbst dort, wo man es nicht wahrhaben will. Beide Momente zusammen erst gestalten all unser Philosophieren zu einer ganz besonderen *humanen* Aktionseinheit: weder die Gottheit philosophiert, noch philosophiert das Tier. Warum nicht? Und weshalb philosophiert bloß der Mensch? Nur deshalb, wird man sagen müssen, weil die Wesensunruhe das konstitutive, sein Denken ebenso wie sein Tun auslösende Moment ist. Und das bedeutet dann, daß der soteriologische Faktor von dem szientifischen in der Philosophie niemals abgelöst werden kann, weil so eine *entmenschlichte* Philosophie entstände, die überhaupt nicht mehr Philosophie genannt werden könnte.

Nun ist es aber sehr leicht zu sehen, weshalb gerade den radikalistischen Lösungsversuchen des Kulturproblems eine solche Bedeutung beizumessen ist. Wäre es bloß ein ethisches Ziel, was ihnen vorschwebt, dann wären ihre Gedanken minder lehrreich. Aber ihre Ontologie des Geistes zielt ja, wie wir gesehen haben, viel weiter. Sie wollen zwar genau so wie die Ethiker die schließliche Befriedung des Geistes. Aber sie wollen diese Befriedung ein für allemal erreichen, und deshalb zielen sie ab auf eine geradezu waghalsige ontische Destruktion, in der Theorie natürlich. Wenn es richtig ist, so sagen sie, daß das ganze Kulturverhängnis des Menschen auf die Verbindung von Natur und Geist in seinem Wesen zurückzuführen ist, dann muß eben diese Verbindung aufgelöst werden. Hier stehen dann natürlich sofort zwei Wege offen. Man schalte den Geist aus beim Menschen, so ist das Ziel erreicht. So meinen die Naturalisten. Nein, man verwandle den Menschen ganz in Geist, so sagen die Idealisten.

Praktisch gewendet erhält nun dieser Streit seine besondere Gestalt dadurch, daß zwei ganz verschiedene historische Idealziele dabei sichtbar werden. Nach der Ansicht der naturalistischen Partei liegt der ideale Ruhezustand der Menschheit *hinter* uns, in vorhistorischer Zeit, in jener Zeit also, wo der Mensch noch ein von aller Reflexion unbeschwertes, reines Naturdasein führen konnte. Durch irgendein schwerwiegendes Faktum soll er eines Tages aus diesem idyllischen Zustand herausgerissen worden sein. »Der erste, der eine Frage über das Dasein Gottes erhob«, so schreibt Fichte am 30. Oktober 1795 an Friedrich Jacobi, »durchbrach die Grenzen, erschütterte die Menschheit in ihren tiefsten Grundpfeilern und versetzte sie in einen Streit mit sich selbst, der noch nicht beigelegt ist.« Der ontische Aufbruch der Menschennatur ist in diesen Worten Fichtes mit erschütternder Deutlichkeit aufgezeigt. Und nun ergibt sich für die Naturenthusiasten von dieser Tatsache her ein an und für sich sehr einfaches kulturpädagogisches Operationsziel. Warum, so meinen sie, sollte man die Aufbruchstelle des Geistes in der menschlichen Natur nicht mehr schließen können? Warum sollte man nicht mehr rückwärts gelangen können, bis zu jener verhängnisvollen Gabelungsstelle der beiden auseinanderlaufenden Wege von Natur und Geist? Rückwärts bis zur Aufhebung jenes historischen Sündenfalls in den Geist, rückwärts bis zum glücklichen Vergessen jenes verhältnismäßig doch so unbedeutenden Zeitabschnitts, der das Abenteuer menschlicher Vernunftsgelüste umschließt? Aber nein, ihr verlangt etwas Unmögliches, so wendet hier die idealistische Gegenpartei ein. Denn das, was ihr den Sündenfall in den Geist nennt, ist ja doch gerade die Geburtsstunde der menschlichen Freiheit. Und nur der Geist kann uns wahrhaft freimachen.

Das aber ergibt nun auch sofort ein völlig umgekehrtes Idealziel der Geschichte. Denn das zu erstrebende Ziel liegt nach der Ansicht dieser Idealisten nicht *hinter* uns, sondern *vor* uns, am Ende des freilich gefahrvollen Weges durch die Abenteuer der Reflexion. Wir müssen also den Prozeß der Bewußtwerdung des Menschen im denkbar raschesten Tempo zu beschleunigen versuchen, damit die unselige Mittelbahn, die zwischen dem ersten Aufbruch des Geistes und der absoluten Bewußtheit liegt, so schnell wie nur eben möglich durchmessen wird. Im naturfreien Endzustand des absoluten Wissens wird dann auch die blinde Macht des Schicksals für immer an die Kette gelegt sein.

Vergleicht man nun aber einmal diese beiden so verschiedenartigen Anthropologien und ihre kulturphilosophischen Idealziele miteinander, so gerät man immer mehr in Erstaunen über die Tatsache, daß sie trotz aller ihrer Differenzen insofern wenigstens eine innere Einheit aufweisen, als sie in bezug auf das Wesen des Geistes dem betrachtenden Auge eine sehr weite metaphysische Perspektive eröffnen. Pessimistisch urteilen zwar beide Parteien über das Unruhe- und Unseligkeitsphänomen des Geistwillens wie auch über die dialektische Auf- und Abbewegung dieses Willens im Rahmen der vor- und rückschreitenden Kultur. Bis zu einem gewissen Grade treffen sie in diesem Punkte mit der ethisch gerichteten Metaphysik zusammen, wenn diese freilich hier auch noch einen bedeutsamen Unterschied macht. Denn sie unterscheidet zwischen der Unruhe des Willens als ontischer Anlage auf der einen, als selbstverschuldeter Disharmonie auf der anderen Seite und setzt dementsprechend doppelte Werkakzente, indem sie die ontische Aufbruchsanlage optimistisch, die selbstverschuldete Disharmonie pessimistisch betrachtet.

In einer Hinsicht aber treffen alle drei Parteien, die beiden radikalistischen und die ethisch orientierte, aufs schönste zusammen. Denn optimistisch werten sie alle drei die innere Einheit des Menschen und stellen sie als das zu erstrebende Endideal aller Kulturarbeit hin. Nur über den Kulturwert selbst geraten sie alle miteinander in einen ganz erbitterten Streit, der sich durch die Jahrhunderte hindurchzieht und kein Ende absehen läßt. Zum wenigsten scheint es so, als lasse sich über den *Reflexionsfaktor* innerhalb des Kulturprozesses kein befriedigendes Ergebnis erzielen.

Den Naturenthusiasten gilt von jeher der Geist als ein Verhängnis oder, um mit einem Bilde Rousseaus den Streitfall zu illustrieren, als ein Messer, das irgendein Dämon in unseliger Stunde in den blühenden Baum des Lebens gestoßen habe. Und dementsprechend erscheint ihnen nun alle Kultur als eine fortgesetzte Dekadenz von der Natur. Nur einen Unterschied lassen sie dabei zuweilen noch hervortreten. Denn der *Mensch für sich,* so glauben einzelne von ihnen, tauche auch heute noch in ursprünglicher Güte und Lauterkeit aus dem ungetrübten Born der Natur hervor. Und erst dann, wenn er mit der *Menschheit* als einer sozialen Gesamtsubstanz in Berührung komme, werde er von dem Gift des Geistes infiziert. Die Reflexion aber, diese ewige Feindin und Zerstörerin aller natürlichen Daseinsinstinkte, trage als soziales Kontagium allein die Schuld an dieser verhängnisvollen Gleichgewichtsstörung der menschlichen Einzelnatur. Und deshalb habe aller Kampf dem Geiste zu gelten, da schlechthin alles vom Bösen sei, was aus dem Geiste stamme. In diesen Grundgedanken etwa läßt sich die innerste Intention wenigstens der naturalistischen Theorie zusammenfassen.

Man kann nun keineswegs in Abrede stellen, daß diese wenn auch noch so verwegene Naturmetaphysik auf den ersten Blick etwas überaus Bestrickendes an sich hat. Sie umschließt zwar eine geradezu kindlich empörerische Ontologie. Aber man muß ihr zubilligen, daß sie eben mit ihrem Radikalismus den eigentlichen kritischen Punkt der Dialektik des Geistes ins hellste Licht zu rücken vermag. Denn in dieser fanatischen Kampfeinstellung gegen den Geist liegt ein überaus tiefer Sinn verborgen.

Der Metaphysik schwebte von ihren ersten Anfängen bis zu ihrer höchsten Ausbildung stets das eine Ziel vor, das Wesen der *Wirklichkeit* zu ergründen. Es ist kaum daran zu zweifeln, daß den forschenden Geist seine besondere Natur auf diese zentrale Frage hindrängt. Denn unruhig und unsicher ist unser Wesen von Grund auf, und es kann daher in uns keine größere Sehnsucht geben als diejenige nach Ruhe, Sicherheit und Festigkeit. Weil wir in uns selbst eine uns immerfort beängstigende Instabilität erleben, so strebt alles in uns nach einer letzten Stabilität, die durch nichts mehr in Frage gestellt wird. Die Zentralfrage der Metaphysik nach dem Wesen der Wirklichkeit ist also keine andere als diejenige, die unsere eigene Natur gleichsam emotional aufwirft, getrieben von ihrem Grunddrang nach letzter Seinssicherheit. Damit ist aber auch schon angedeutet, daß unsere Frage nach dem Wesen der Wirklichkeit einen ganz prinzipiellen Sinn hat. Denn es wird gefragt, was Wirklichkeit im *tiefsten* Grunde sei, Wirklichkeit als letzte stabile Seinsschicht, hinter die nicht mehr weiter zurückgefragt werden könne.

An diesem Punkte beginnt nun freilich auch sofort der jahrhundertalte Konflikt der Kategorienlehre. Das Sein, in dem auch wir, die Fragenden, darinstehen, zeigt uns nämlich von vornherein ein Doppelgesicht. Es zeigt uns zunächst einmal in uns selbst das Sein in der Doppelkategorie von Unstetigkeit und Stetigkeit. Es zeigt uns des weiteren dann auch das Sein auf der einen Seite als Sache, als Objekt, als Natur, auf der anderen Seite als Wille, als Person, als Geist, kurz gesagt als Innerlichkeit, im Gegensatz zur Ausgebreitetheit und Ausgegossenheit des Objekts, der Substanz. Und nun erhebt sich die Frage: ist nicht das Objekt als Natur das eigentlich Stetige, Sichere, Ruhende, Gefestigte? Und ist nicht das Subjekt als Wille und Geist das Unstetige, Unsichere, Unruhige, Schweifende, die Instabilität an sich? Indessen, der Aspekt verschiebt sich sofort, wenn wir das Geistige von der Seite der Person her betrachten. Denn ist nicht gerade das Wesen der Person in ihrem inneren Selbstand zu suchen, in ihrer inneren Festigkeit, in ihrem stolzen, würdevollen Insichselbstruhen, und tritt es nicht gerade dadurch in einen scharfen Gegensatz zu dem Hin- und Hergeworfenwerden der Sache, über die nur ein Wille verfügen kann und die sich immer dem von ihr besitzergreifenden Willen fügen muß?

Nun tut die Kategorienlehre gewiß gut daran, wenn sie fürs erste einmal diese Zwiespältigkeit des Seins als ein Faktum feststellt. – Wenn sie also sagt: es gibt das Sein hier so und dort so. Denn gegeben ist zunächst ohne Zweifel diese Seinszwiespältigkeit. Gegeben ist etwa die Zweiheit im Sein nach der Modalität von Unstetigkeit und Stetigkeit, von Unsicherheit und Sicherheit, so relativ diese beiden Kategorien auch in dem uns bekannten Sein sich gegeneinander verhalten mögen. Und gegeben ist ferner die Zweiheit im Sein nach seiner Inhaltlichkeit, die Doppelheit also von Sache und Person, von Objekt und Subjekt, von Ding und Wille.

Kann sich nun aber die Kategorienlehre auf die Dauer mit dieser bloßen Aufteilung des Seins oder mit dem bloßen Hinweis auf diese Seinsbesonderung zufriedengeben? Nein, sie kann es nicht. Sie kann es unter keinen Umständen mit dieser bloß hinweisenden Geste bewenden lassen. Sie *muß* weitergehen. Sie *muß* sich in den Streit einlassen, der um die Einheit entbrennt. Aber freilich, was heißt hier Einheit, könnte man fragen. Vielleicht bloße Indifferenz? Nein, auch das ist unmöglich. Denn das wäre ja nur eine Verschiebung der Hauptfrage. Und welches ist die Hauptfrage? Nun, wir wissen es bereits. Denn der ganze Streit dreht sich schließlich nur um die letzte Sicherheit, um die ontische Stabilität überhaupt. Die Sache aber, so wie wir sie in unserem Erfahrungskreis kennen lernen, hat mitten in ihrer Stetigkeit und Sicherheit auch Unstetigkeit und Unsicherheit. Und die Person, wie wir sie an uns und an anderen erleben, weist genau so die Mischung dieser beiden Elemente auf. So bliebe also nur übrig, die Sicherheit in ihrer wesensmäßigen Reinheit im Fortgang nach einer der beiden Seinsdimensionen zu suchen. Entweder müßte man die letzte Stabilität in der sogenannten letzten, absoluten Sache zu entdecken streben, in der von aller Unsicherheit befreiten, völlig *reinen Sache,* oder aber in der letzten, absoluten, in der von aller Unsicherheit befreiten, vollkommen *reinen Person.*

In der Tat sind wir damit mitten in die Kampfzone aller Metaphysik hineingetreten. Denn Sache und Person geraten ganz von selber, wie wir sehen, auf diese Weise miteinander in Konflikt. Sie müssen, wenn es um das Wesen der absoluten Stabilität geht, miteinander um ihre Seinspriorität kämpfen. Alle ehrlichen Metaphysiker sehen sich in dieser Frage vor die Alternative gestellt, entweder der reinen Sache oder der reinen Person die Priorität zuzuerkennen. Alle Philosophien der Menschheit haben in dieser Alternative ihren Kulminationspunkt. Substanz oder Subjekt, Gesetz oder Wille, Sache oder Person, Natur oder Geist, was ist hier das Erste, die prima realitas und die prima essentia? Hat der Naturalismus recht oder hat der Idealismus recht? So lautet, vom Problem der absoluten Stabilität her gesehen, die Urfrage aller Philosophie, die zugleich ihre eigentliche Entscheidungsfrage ist.

Die Entscheidungsfrage nennen wir sie also? Weshalb denn

und wieso denn? Wie soll denn hier entschieden werden? Etwa durch Abstimmung? Oder gar durch den Willen? Durch ein heroisches Gebot? Durch eine Diktatur? Kein Philosoph wird im Ernst etwas Derartiges verlangen. Keiner wird etwas Derartiges einräumen wollen. Denn jeder Denkende, der Naturalist nicht weniger als der Idealist, appelliert hier an die *Einsicht* als letzte Instanz. An die Einsicht? Sollte dem wirklich so sein? Das wäre überaus bemerkenswert. Denn auf diese Weise hätten sich ja die beiden streitenden Parteien schon auf einer gemeinsamen Diskussionsbasis zusammengefunden. Wenn nämlich auch der Naturalist in dieser Frage an die Einsicht als letzte Instanz appelliert, so appelliert er damit eben an den Geist. Und glücklicherweise wäre damit wenigstens schon ein Heraustreten aus dem Schwebezustand der Indifferenz bezüglich jener Alternative vom Naturalismus und Idealismus vorbereitet. Denn irgend etwas Geistiges wäre damit zum mindesten als gemeinsamer Diskussionsmittelpunkt in unserer Hauptfrage anerkannt.

Mit dieser einzigen Vorgegebenheit nun sind wir hier vorläufig zufrieden. Mag man sich im übrigen für oder gegen die Priorität des Geistes gegenüber der Sache entscheiden, anerkannt ist jedenfalls durch die Berufung auch des Naturalisten auf die Einsicht als letzte Instanz der Entscheidung, daß der Geistbegriff in dem Streit um die große Alternative der Metaphysik den eigentlich umkämpften Gegenstand bildet.

## Von der geistigen Solidarität

*Im zweiten Teil seines Buches über »Die Dialektik des Geistes« wird ein Gedanke thematisiert, der in der Gefahrenzone eines pantheistischen Substanzdenkens (Averroes) angesiedelt werden könnte. Es ist ganz bezeichnend für den Philosophen Peter Wust, daß er solche in der Philosophiegeschichte gescheiterten Ideen darauf prüft, ob nicht doch etwas in der Grundidee wert sein könnte, erhalten zu bleiben. Man kennt ja die Gefahr und kann sie vermeiden, das Grundanliegen aber herausarbeiten. Es geht ihm um die Solidarität in der Einheit der Geistseelen, den »nexus animarum«, den er intim und real als gegeben betrachtet; denn der geistige Austausch (commercium spirituale) gewinnt doch immer größeren Umfang: »jene substantiale Einheit des geschichtlichen Lebens«.*

*Aber täuscht das nicht? Denn die Zerrissenheit in der Menschheit und in der einzelnen Seele wächst wie alle zunehmende communication bis hin zu dem Punkt, wo die »Totalität« auch den alles umfassenden apokalyptischen Untergang, den Holocaust, mit einschließt. Es geht um Sein oder Nichtsein aller und nicht mehr einzelner Menschen (Hamlet), sondern der menschlichen Welt insgesamt. Wust vertritt dagegen leidenschaftlich die These, »daß auf keinen Fall das Machtprinzip es jemals zum absoluten Übergewicht über das Liebesprinzip bringen kann.« Nun, der Kairos nähert sich beängstigend, in dem die Entscheidung hierüber fallen wird. –*

(Quelle: GW Bd. III/2, S. 147–165)

## Aus: »Die Dialektik des Geistes«, 7. Kapitel

Wenn man sich einmal hinreichend gegen die Gefahr des pantheistischen Substanzgedankens von seiten des Averroismus gesichert hat, dann darf man ihm hinterher auch ruhig zugestehen, daß etwas von seiner Grundidee trotz alledem erhalten bleibt. Denn die Herstellung einer gewissen auch substantialen Einheit der Geister, in der freilich das Ich vom Ganzen nicht aufgesogen wird wie der Tropfen im Ozean, ist ohne Zweifel der Sinn alles historischen Seins und Wirkens. Es entsteht nämlich als Abschluß aller geistigen Solidarität ein intimer und realer »nexus animarum« von zweifacher Gestalt, dessen Wesen wir nunmehr zu untersuchen haben. Da wir jedoch bisher bei der Betrachtung der Solidarität des Geistes uns fast ausschließlich auf den Prozeß der Sinnbildung und des Sinnverstehens bezogen haben, so könnte der Anschein erweckt worden sein, als bedeute das »commercium spirituale« schon ganz für sich jenen »nexus animarum« oder jene substantiale Einheit des geschichtlichen Lebens, die wir hier meinen.

Eine solche, man könnte sagen, rein intellektualistische Wesensauffassung der historischen Realität muß jedoch mit aller Entschiedenheit abgelehnt werden. Erst ein gewisses Plus über das »commercium spirituale« hinaus vollendet den Aufbau der historischen Realität, indem es den eigentlichen »nexus animarum«, die reale wechselseitige Verbundenheit aller Geister, erzeugt, die in gewisser Hinsicht zwar ein Analogon zum »nexus rerum« in der natürlichen Kausalverbundenheit bilden mag, in Wirklichkeit aber doch eine substantiale Verbundenheit sui generis darstellt.

Drei Faktoren sind es nämlich, die, zu intimer Einheit gebracht, die Realität alles geschichtlichen Seins und Wirkens aufbauen. Von diesen drei Faktoren kennen wir bereits das »commercium spirituale«. Die beiden anderen Faktoren sind die »motio physica« der durch das geistige Personprinzip überformten Leibgestalten und, als bei weitem bedeutsamstes Moment, die »motio metaphysica« der durch das Medium des Leibes hindurchwirkenden Willenskräfte.

Es sind das die gleichen Faktoren, die auch bei einem dramatischen Kunstwerk eine Rolle spielen, obwohl zu bedenken ist, daß das Kunstgebilde des Dramas nur Spiel und als Spiel nur schattenhaftes Abbild des *absoluten Dramas* genannt werden kann, als welches uns das historische Leben des Geistes in seiner substantialen Einheit erscheint. Der primitive, noch ganz am Sinnlichen hängende Beschauer eines Bühnenkunstwerkes genießt in erster Linie den bunten Wechsel des sinnfälligen Gestaltenspiels. Er hält sich also fast ausschließlich an den Faktor der »motio physica«, obwohl auch er sicher, wenn freilich weniger bewußt, irgendwie noch durch die beiden anderen Faktoren gefesselt wird. Der mehr geistig eingestellte Beschauer jedoch findet sein Hauptinteresse in dem wechselnden Spiel der beiden anderen Faktoren, wobei dann allerdings der Intellektualist mehr durch die dialektische Ideenbewegung, der Voluntarist mehr durch die dynamischen Gewichtsverlagerungen in den Spannungs- und Lösungszuständen der miteinander oder gegeneinander agierenden Willenskräfte angezogen wird. Es kann kein Zweifel darüber bestehen, daß einerseits in der Willensbewegung die eigentliche Spiralfeder des dramatischen Kunstwerks zu suchen ist, daß anderseits aber auch die beiden anderen Faktoren, namentlich der Faktor der Ideenbewegung, eine sehr bedeutende Rolle beim Aufbau und beim Ablauf des dramatischen Ganzen spielen. Der ideale Dramatiker wird also derjenige Dichter sein, der sich bei der Ineinanderverflechtung dieser drei Momente der wunderbaren Einheit des Lebens selbst annähert und bei seiner Gestaltung Auge, Intellekt und sympathetischen Willen in ungefähr gleicher Weise zu beschäftigen oder anzulocken versteht. Und das gleiche wird dann vom idealen Beschauer der Handlung auf der Bühne zu gelten haben. Shakespeare ist vielleicht in erster Linie deshalb der überragende Meister der dramatischen Kunst, weil er, dem Leben am nächsten, sinnlichen Gestaltwechsel, Ideen- und Willensbewegung in der wundervollsten Mischung miteinander zu verbinden weiß, und daher mag es sich auch erklären, daß seine Bühnenwerke allen Schichten des Volkes, Gebildeten wie Ungebildeten, in irgendeiner Form immer einen künstlerischen Anreiz zu geben vermögen.

Das Beispiel der lebensnahen, weil lebenswarmen Kunst des großen englischen Dramatikers ist lehrreich auch für den Betrachter der historischen Realität. Es hat immer

Historiker gegeben und es wird sie immer geben, die an der Geschichte ungefähr das gleiche Interesse haben wie der primitive Beschauer eines Bühnenwerks, dem der Lärm des Spektakelstücks den höchsten Genuß bereitet oder aber, wenn es höher geht, der bunte Wechsel von Szenerie und Gestaltenwelt. Der geistige Betrachter der Geschichte aber macht sich auch seinerseits wieder einer Einseitigkeit schuldig, wenn er diese sinnliche Gestaltenwelt allzu gering einschätzt und nur das *innere* Schauspiel des Lebens als beachtenswert hinstellt. Allerdings darf man ihm darin Recht geben, daß in der Geschichte die »motio physica«, wenn sie rein für sich abgelöst betrachtet wird, nur ein bescheidenes Minimum des eigentlichen Geschehens ausmacht. Die rein physischen Funktionen von Essen, Trinken, Schlafen, Wachen, Zeugen, Sterben usw. würden das menschliche Leben auch dann ausfüllen, wenn es sich niemals über das animalische Niveau hinaus entfalten sollte. Auch Schlachtgetümmel und Kampf jeder Art sind im Grunde nur eine Fortsetzung dessen, was schon in der animalischen Region vorgefunden wird. Was es darüber hinaus noch an »motio physica« gibt, ist gewiß viel und doch nicht allzuviel. Es ist die Erzeugung von Werkzeugen und Gütern, von Zeichen und Symbolen, und die Hin- und Herbewegung alles dieses künstlich Geschaffenen. Und es ist dann das Hin- und Hergehen der Personen in Raum und Zeit zum Zweck des gegenseitigen Sinnaustausches und der Willenskundgabe.

Bedeutsam aber wird diese ganze »motio physica« erst dadurch, daß sie in den Dienst der beiden anderen Faktoren tritt, in denen sich daher die eigentliche Realität alles historischen Lebens konzentriert. Nun neigen jedoch auch hierbei wieder gewisse Betrachter zu der Einseitigkeit, im bloßen Prozeß der Sinnerzeugung und des Sinnverstehens sozusagen das Ganze der historischen Bewegung zu erblikken. Diese intellektualistische Auffassung des geistigen Geschehens ist übrigens viel weiter verbreitet, als man es auf den ersten Blick glauben möchte. Die platonisch-aristotelische Überschätzung der reinen »θεωρία« als des höchsten Gipfels alles geistigen Lebens ist eigentlich schon ein solches intellektualistisches Vorurteil, und es scheint so, als hätte man dieses alte und seit den Griechen tief eingewurzelte Vorurteil in der abendländischen Metaphysik des Geistes nie ganz überwinden können. Auf das Wesen der Geschichte angewendet, würde aber dieses Vorurteil zu bedeuten haben, daß man eben in dem einen Aufbaufaktor des »commercium spirituale« schon den eigentlichen »nexus animarum« erreicht zu haben glaubt, auf den alles geschichtliche Leben abzielt.

Wäre nun aber die menschliche Geschichte nichts weiter als der bloße Prozeß idealer Sinnbildung und idealen Sinnverstehens oder nichts weiter als das Erlebnis und der Austausch von reinen Gedankengebilden in irgendeinem luftleeren Raum, so ähnlich etwa wie in einem utopischen Staatsroman, dann könnten wir ja doch bestenfalls in ihr nur einen ins Endlose fortgesponnenen Geisterdialog sehen, eine Art platonisches Ideenbankett über die Jahrhunderte hinweg. Und es fehlte dann einer so aufgefaßten historischen Realität, infolge des Wegfalls eines gewissen Sub-

stratwiderstandes in den idealen Sinngebilden, jene ganz spezifische Zähigkeit, Härte und Konsistenz, die immer in der Geschichte als ein ganz rätselhaftes Plus im Gegensatz etwa zur Kunst hervortritt oder auch im Gegensatz zu aller bloßen *Philosophie* der Geschichte. Wohl käme es auch in einer solchen bloß vom »commercium spirituale« konstituierten Form der Geschichte zu einer gewissen geistigen Verbundenheit, da ja doch auch alle Sinnbildung und alles Sinnverstehen auf der Einheitsgrundlage des ewigen Sinnes erfolgen und insofern auch einen gewissen Idealnexus der bloß dialogisierenden Geister erzeugen. Aber diese Form geistiger Verbundenheit wäre doch niemals jener bluthaft-geistig-reale, jener metaphysisch dunkle und schwere »nexus animarum«, den wir in der Geschichte als substantiale Realität, wenn freilich auch auf streng einzelpersonaler Basis aufgebaut, allezeit vor Augen haben, sei es nun in seiner niederen naturhaften und irdischen Gestalt, wo die Prinzipien von Macht und Liebe zugleich binden und scheiden, sei es in seiner höheren Endgestalt, für die etwa Goethes schönes Wort gelten könnte: »Und alles Drängen, alles Ringen ist ewige Ruh' in Gott dem Herrn.«
Die Geschichte ist also, das soll damit gesagt werden, bei weitem mehr als das reine Ideenschauspiel bloßer Kontemplation. Sie ist etwas ganz anderes als ein noch so leidenschaftlich geführtes philosophisches Gespräch. Gerade wegen ihrer allerdings notwendigen Fernrückung vom Leben, die alle Philosophie so bedeutsam von der Dialektik des geschichtlichen Prozesses abhebt, hat sich doch von jeher die bloße philosophische Kontemplation dem Gespött der Rea-

listen aussetzen müssen: bloß vom Gestade her, so hat man ihr oft genug vorgehalten, beobachte sie den Gang der Schiffe und registriere sie die Bewegungen der Schiffahrt, während das Leben Schiffahrt selbst sei, oder vielmehr das Spiel der Wogen selbst und harter Seefahrerkampf unmittelbar auf den Wogen. Die Geschichte ist in der Tat der Gefahr eines solchen Vorwurfs, wie ihn die Philosophie sich dauernd gefallen lassen muß, gründlich enthoben. Denn wenn man auch noch so oft ihre spezifische Dialektik in mancherlei Hinsicht mit der bloßen Gedanken- und Begriffsdialektik der Philosophie in Parallele stellen mag, so bleibt doch immer der höchst bedeutsame Unterschied bestehen, daß sie, selbst wenn sie eine Art Philosophie sein sollte, jedenfalls als die denkbar härteste und substantiellste von allen möglichen Philosophien gelten kann, als jene stahlharte Philosophie, in der alle Sinn- und Begriffsgebilde von der unsagbar schwerwiegenden Substanz des *Willens* ganz und gar angefüllt und durchdrungen sind.
Man wird sagen, daß wir damit auf den spezifisch *dramatischen* Charakter aller Geschichte hinweisen wollen. Und man wird uns dann entgegenhalten, daß doch auch das philosophische Wechselgespräch keineswegs diesen dramatischen Charakter vermissen lasse. Dem sei nicht widersprochen. Aber warum hat denn nun auch der Ideendialog diesen dramatischen Charakter, so wäre zu fragen. Doch offenbar nur deshalb, weil er und insofern er selbst schon irgendwie Leben, selbst schon irgendwie geschichtlich-lebendige, personal fundierte und demgemäß also dramatisch bewegte Gedankentat ist.

Und trotzdem ist die Geschichte mehr, bei weitem mehr als ein solches Ideengespräch der Geister, wie sie denn auch immer bei weitem mehr ist als ein bloß auf der Bühne *gespieltes* Drama. Denn im Gespräch wie im Spiel auf der Bühne mag noch so sehr der Wille der Sprechenden und der Spielenden als Faktor der Verbundenheit hervortreten: niemals stellt er hier trotz alledem jene enge, harte, substantial schwere Verbundenheit her, auf die wir in der Geschichte treffen. Denn erst in der Geschichte wird durch den Faktor des Willens und durch die »motio metaphysica voluntatis« die *ganze Persönlichkeit* bis auf den innersten Grund ihrer Existenz engagiert. Erst hier wird es wirklich Ernst mit dem Kampf, und das eben soll es heißen, wenn wir sagen, die Geschichte sei das Urbild aller dramatischen Kunst, das in jeder Hinsicht grandiose *absolute Drama* aller Willensbewegung überhaupt, das im letzten Sinne durch und durch metaphysische Willensdrama, bei dem es immer, man mag sich drehen und wenden, wie man will, schließlich für einen jeden um Hals und Kragen geht.
In der Geschichte erst kommt es also wirklich zum Kampf *zwischen Idee und Idee,* weil hier alle Ideen als willenserfüllte Gewalten auftreten, so daß nun auf einmal ein Riesenfeld von Spannungszuständen zwischen allen möglichen Willensfaktoren entsteht, eine von höherer Gewalt als Einheit umfaßte Disharmonie, die im endlichen Leben nie zum reinen Einklang gebracht werden kann. Und so ist also der zähe Widerstand des Willens jenes dunkle, seiner letzten Essenz nach uns ewig rätselhaft bleibende Moment, das der Geschichte das bedeutsame Übergewicht über Phi-

losophie und Kunst verleiht, auf das wir soeben angespielt haben. Die besondere Intensität des Energiesubstrats aber ist es, die die Geschichte vor uns als ein Drama völlig eigener Art erscheinen läßt, wo alles fortwährend auf die Lösung des Knotens im letzten Akt zudrängt, um schließlich doch wieder in die Spannungssituation der Knotenschürzung im ersten Akt, in anderer Gestalt freilich, zurückzukehren.

Wer also Sinn hat für das fortwährende Steigen und Fallen der dynamischen Willensgeschichte in der dramatischen Kunst, der kommt wahrhaftig in der Geschichte erst ganz auf seine Rechnung. Denn im Grunde ist der zentrale Teil der Geschichte nichts anderes als die ewig wechselnde Gewichtsverteilung in dem Spannungsverhältnis der auf- und abfluktuierenden Willenskräfte des Geistes, vom unbedeutenden Alltagsgeschehen bis in die Geschehnisse der Historie großen Stils.

Deshalb macht es auch kaum einen Unterschied für das Wesen der Sache aus, wie eng oder wie umfangreich das Gebiet ist, das wir aus dem Gesamtbereich des geistigen Geschehens entweder im Längsschnitt des Nacheinander oder im Querschnitt des Nebeneinander herausheben und zu gesonderter Betrachtung vor uns hinstellen. Schon in jeder Familie, in jedem noch so winzigen Dorf haben wir nach dieser Seite hin die Abbreviatur der Weltgeschichte, weil hier die gleiche Willensdynamik sichtbar wird, die auch das Weltgeschehen im Großen bestimmt.

Der unendliche Willenskampf, als der uns hier die Geschichte erscheint, wäre freilich in der bunten Mannigfaltigkeit eines solchen dynamischen Spiels nicht möglich, wenn nicht eine vielfach abgestufte Intensität der miteinander oder gegeneinander agierenden Willenskräfte von vornherein alles Geschehen in den Zustand einer endlosen Oszillation versetzte. Nicht bloß in sich selbst nämlich oszillieren diese Einzelwillen, sondern die innere Oszillation teilt sich dem ganzen »nexus animarum« mit, wodurch der gesamte Komplex dieser substantialen Einheit von der Vergangenheit über die Gegenwart bis in die Zukunft hinein in ein einziges Willensleben hineingerissen wird. Wären etwa alle diese Willenskräfte von der gleichen inneren Stabilität oder wären sie umgekehrt ohne jegliche Stabilität, dann käme es überhaupt nicht zum bunten Wechselspiel der Dynamik. Es entstände dann im ersteren Falle überhaupt kein eigentlicher »nexus animarum«, sondern nur eine völlig atomistische Einheitsgestalt, in der alles zur aktionslosen Ruhe erstarrt wäre. Und im letzteren Falle hätten wir ein kaum ausdenkbares Chaos von absoluter Bewegtheit und Passivität.

Und doch bedarf es auch wieder *absolut* gegenstehender Willenskräfte, wenn das Schauspiel der auf- und absteigenden Dynamik sich entfalten soll. An den polaren Grenzen des endlichen Willensbereiches gewahren wir denn auch in der Tat einen solchen absoluten Willenswiderstand, und in erster Linie die Festigkeit dieser Absolutkräfte vermittelt eigentlich der Geschichte jene besondere Konsistenz, die sie stets auszeichnet. Jeder endliche Wille erfährt nämlich bei seinem Wirken in die Umwelt hinein, abgesehen von dem nur relativen Widerstand der ihm gleichgearteten endlich-

personalen Willenskräfte, zugleich auch noch einen absolut undurchbrechbaren Willenswiderstand von seiten der metaphysischen wie von seiten der physischen Region.
Der endliche Wille ist ja doch zunächst vor allem eine geistige Kraft. Und so kann er denn auch niemals effektiv über die ewige Sinngrenze hinausschwingen, die als die Wesensbindung alles Geistigen überhaupt unverrückbar bleibt. Er kann zwar unter Umständen auf das Widersinnige hinstreben *wollen*. Aber er erfährt dabei den absoluten Widerstand eines Willens, der an dieser Sinngrenze *steht*, ohne eine Spur von Oszillation, und der sein endliches Streben machtvoll auf die eigene Wesensgesetzlichkeit hin zurückschleudert, so etwa wie die Felsklippe die heranrauschende Woge an ihrem Gestein sich brechen läßt. Schon in seiner eigenen Wesenstiefe trifft der endliche Wille auf diesen ewigen Widerstand, und so wird dieser Widerstand ihm zum Kriterium seiner selbst, zum scheidenden und richtenden Faktor ganz tief in ihm selbst, durch den eine scharfe Schnittlinie in ihm entsteht zwischen dem, was in ihm ewig, und dem, was in ihm zeitlich, zwischen dem, was in ihm rein, und dem, was in ihm unrein genannt werden muß. Für den endlichen Willen gibt es daher nur die Alternative zwischen Selbstübereinstimmung und Selbstwiderspruch. Er ist mit seinem ganzen Sein so tief in diesen unzerstörbaren Ewigkeitswillen hinabgewurzelt, daß er sich selbst in seiner Wurzel vernichten müßte, um diesen aus seiner Seinstiefe ihm entgegenwirkenden Widerstand zu brechen. Aber selbst das ist ihm versagt, weil er nicht bis zum Wurzelgrund seines eigenen Wollens vorstoßen kann.

Die gleiche für ihn absolut unzerstörbare Repulsionstendenz erfährt nun aber der endliche Wille auch von seiten des Naturwillens, den man allerdings nur im sekundären Sinne als Willenskraft ansprechen kann, weil seine Kraft nur eigengesetzlich subsistierende *Gewolltheit* oder Ausdruck des ewigen Willens ist. Wohl vermag der endliche Wille durch das Medium des Leibes hindurch dem Kausalfluß eine jeweilig andere und andere Richtung aufzuzwingen. Aber es ist ihm nicht möglich, das wesenhafte Sosein der einzelnen Naturkräfte aus ihrer von der Natur bestimmten Fixationslage herauszubewegen. Nur mit der natürlichen Soseinsgesetzlichkeit wirkend kann er geistig motivierend in den Kausalfluß der Natur eingreifen. Nur mit der Natur kann er die Natur bezwingen.

In dem aufs mannigfaltigste bewegten Spiel und Gegenspiel dieser absoluten und relativen Willenswiderstandskräfte sehen wir nun aber auch schon den »nexus animarum« konstituiert, der die zunächst bloß wesenhafte oder ideale Solidarität des Geistes gewissermaßen in unendlich fortschreitendem Prozeß zu allererst aktualisiert. Schon ohne ihr eigenes Zutun stehen alle einzelnen Willenskräfte in diesem naturhaften Zusammenhang einer übergreifenden Wirsubstanzeinheit darin. Diese niedere Form eines bloß naturhaften »nexus animarum« hat jedoch die Tendenz, sich in eine höhere Einheitsform der Willenskräfte umzubilden.

Um den inneren metaphysischen Zusammenhang dieser beiden Formen des »nexus animarum« zu verstehen, müssen wir noch einmal an das anknüpfen, was schon an einer früheren Stelle über das Wesen des Willens erörtert wurde.

Es liegt in der Natur des Willens, so wurde dort gesagt, im ewigen Sinn oder in der Einheit der ewigen Ordnung zu *stehen.* Nicht die Oszillation, sondern das aktive Stehen im Endziel dieser Ordnung ist das eigentliche Wesensmerkmal des wirklich »reinen« Willens. Wo also in einem Willen sich noch die Oszillation bemerkbar macht, da ist dieser Wille noch nicht am Ziel seiner Wesenheit angelangt: er ist, solange er schwankt, noch immer endlicher, unvollkommener Wille und erst auf dem Wege zur Vollendung seines Eidos. Nur in ihrer ontischen Wesenstiefe *stehen* auch alle endlichen, oszillierenden Willenskräfte, und d. h., sie stehen alle gewissermaßen seinshaft an ihrer Wurzel verbunden im ewigen Urwillen, in ähnlicher Weise synthetisch von dieser personalen Urkraft umfaßt, wie etwa in der Natur alle Individualisationserscheinungen von der Einheit des Gesetzes umfaßt werden.

Das schließt aber keineswegs aus, daß sie auch ihre eigene Subsistenz besitzen, genau so wie ja auch die Naturkräfte die Eigensubsistenz der »causae secundae« aufweisen. Allerdings ist die Eigensubsistenz der individuierten Naturkräfte eine andere als diejenige der endlich personalen Willenskräfte. Deshalb ist denn auch der »nexus rerum« der Natur eine ganz andere substantiale Einheit als der »nexus animarum« im Reiche des Willens. In der substantialen Natureinheit überwiegt das Prinzip der Universalbindung so sehr über das Prinzip der Individuation, daß man hier tatsächlich gleichsam im averroistischen Sinne von einer einzigen Naturkraft sprechen könnte, die sich in der mannigfaltigsten Weise individuiere. Für das Reich der personalen

Willenskräfte aber gilt gerade das umgekehrte Verhältnis zwischen den Prinzipien der Universalbindung und der Individuation. Mit dem personalen Prinzip gewinnt die Subsistenz des Eigenwillens das relative Übergewicht über den Universalwillen. Zwar setzt sich auch hier der »nexus rerum« noch fort. Aber er erhält jetzt die besondere Gestalt des primären, also naturhaft-geistigen »nexus animarum«, weil eben jetzt die individuelle Subsistenz der Naturkraft in die höhere Subsistenzform des geistig-personalen Willens emporgehoben ist.
Diese relative Auflockerung der Naturverbundenheit im Reiche der endlichen Willenskräfte hat nun aber ihre sehr bedeutsamen Folgen. Fürs erste sind natürlich auch noch die Einzelwillen durch das Medium des Leibes in dem »nexus rerum« der Natur unmittelbar mithineinverflochten. Und so unterstehen sie von dieser Seite her gewissermaßen noch als Naturkräfte genau so wie jede andere Naturkraft dem Gesetz des universalen Antagonismus der Kräfte, nach dem eine jede endliche Kraft die andere zu verdrängen sucht, um sich selbst in ihrem Sosein durchzusetzen. Denn endliches Sein und Leben bedeuten immer Raub am Dasein und Leben des »Anderen«. In der Natur herrscht, von dieser Seite her betrachtet, das brutale Gesetz der Gewalt, das freilich von der aller Natur immanenten Weisheit des Universalwillens temperiert wird, um das Chaos zu vermeiden. Die ins Unendliche fortdrängende Assimilationsgier jeder Einzelkraft bleibt in der Natur wie eine dunkle Dämonie stets gebannt auf dem Grunde des Seins. Der Universalwille weist sie mit seinem Übergewicht über den

Eigenwillen jeder Einzelwesenheit in die Tiefe hinab, wo sie wie eine unsichtbar drohende anarchische Tendenz ruhen bleibt, allerdings immer noch wie eine stets zum Sprung bereite Bestie, die bei der ersten noch so minimalen Lockerung ihrer Fesseln ein grausiges Zerstörungswerk beginnen würde.

Mit der Umwandlung der Naturkraft in die spezifisch personale Kraft des Willens muß nun aber auf der Basis der Natureinheit des »nexus rerum« und über sie hinausführend eine neue Einheit entstehen, in der die Doppelstruktur alles Leibgeistigen durch einen ganz neuartigen Antagonismus der Kräfte zum Ausdruck kommt. Die personalen Willenskräfte, die diese neue Einheit aufbauen, sind ja doch nur nach der einen Seite hin Naturkräfte. Nach der anderen Seite hin sind sie zugleich auch sinnhaft motivierende Geisteskräfte, in denen es jetzt plötzlich zum Konflikt kommt zwischen dem blinden Prinzip der Naturgewalt oder der *Macht* und dem geistigen Ordnungsprinzip der *Liebe*. Man könnte auch sagen, durch die relative Freisetzung des Individualwillens gegenüber dem Universalwillen breche jetzt auf einmal ein Streit aus zwischen dem naturhaften Zeitwillen und dem naturüberlegenen Ewigkeitswillen. In der endlichen Willenskraft wird ja doch, da sie nun einmal zugleich auch Naturkraft ist, das Prinzip der Naturgewalt nicht aufgehoben. Im Gegenteil, es wird durch den Hinzutritt der geistigen Einsicht noch an Intensität gesteigert, und die auf dem Grunde der Natur gefesselt liegende dunkle Dämonie der Macht tritt jetzt tatsächlich aktuell aus dieser Naturtiefe hervor. Das die Naturgewalt temperierende Prinzip der aller Natur einwohnenden Weisheit erscheint jetzt nämlich als die *List der personalen Vernunft* an der Seite der Macht, und nun kann die Macht wirklich wachsen, d. h. der Einzelwille kann mit Hilfe der List wirklich dazu übergehen, seinen Kürwillen in die Form eines immer weiter ausgreifenden relativen Universalwillens zu verwandeln.

Indessen, das alles ist nur die eine Seite des hier plötzlich in die Erscheinung tretenden Phänomens. Denn wenn auch die relative Auflockerung der Individuationsgebundenheit jenseits der außergeistigen Naturregion, im Bereich der endlichen Willenswirksamkeit, für den Einzelwillen ganz von selbst die grausige Gefahr eines anarchischen Strebens mit sich heraufführt, so ist doch jedenfalls das Entstehen dieser Gefahr noch nicht das letzte Ziel jener Weisheit, die bei der Konstituierung dieser Verhältnisse am Werk ist. Das Ziel ist vielmehr ein ganz anderes. Denn nur deshalb wird hier auf dem Wege der geistigen Freiheit der Eigenwille gegenüber dem Universalwillen relativ auf sich selbst gestellt, damit nunmehr durch *eigene freie Tat* die naturhafte Störung des Gleichgewichts von Eigenwille und Universalwille wieder aufgehoben werde. Es soll von einer neuen ontischen Grundlage her nunmehr geistig und d. h. nach dem Prinzip der Liebe in Freiheit verbunden werden, was vorher nur ungeistig und demnach in der Ordnung der Gewalt durch naturimmanente Weisheit verbunden wurde.

Man sieht also, wie hier eine gerade metaphysische Entwicklungslinie vom ursprünglichen »nexus rerum« zum endgültigen »nexus animarum« führt, in dem die Prinzipien der reinen Freiheit und der reinen Liebe dominieren sollen. Aber diese Linie führt notwendig auch durch die doppelgesetzliche Zwischenzone des *vorläufigen* »nexus animarum«, in dem Naturgewalt und geistiges Liebesgesetz sich zu einem sehr verhängnisvollen antinomischen Zusammenwirken verbinden, so daß nun auf einmal die ganze erschreckende Tragik der Macht wie auch der wundervolle Heroismus der Liebe zum Vorschein kommen. Diese ihrem Wesen nach unaufhebbare Antinomie, die aber effektiv sich dennoch im historischen Prozeß immer wieder aufhebt, durchzieht den genannten Tat- und Schicksalsraum der Geschichte, zum Erschrecken für alle extremen Idealisten, die das Machtprinzip auszuschalten wünschen, zur geheimen Freude aber für alle extremen Realisten, die in dieser Antinomie ein immer bereitliegendes wohlfeiles Entschuldigungsargument finden für ihren nüchternen Machtpositivismus.

Ist nun aber der Traum der Idealisten nur eine billige Idee in dem Sinne etwa eines bloß regulativen Prinzips oder ist er mehr als das? Mit anderen Worten: auf welche Weise löst sich tatsächlich, wenn auch nicht dem Prinzip nach, die Antinomie von Macht und Liebe schon in der niederen Gestalt des »nexus animarum« auf, so daß schon innerhalb der Geschichte als der endlichen Willenswirksamkeit jener absolute und endgültige »nexus animarum« in etwa zum Vorschein kommt, den wir als das letzte metaphysische Ziel aller historischen Entwicklung bezeichnet haben?

Wir weisen auf zwei besondere Momente hin, um diese bedeutsame Tatsache sichtbar werden zu lassen. Erstes Moment: schon innerhalb jedes Einzelwillens gerät die entfesselte Machttendenz in einen unaufhebbaren Konflikt mit der Liebestendenz. Das hat zur Folge, daß auf keinen Fall das Machtprinzip es jemals zum *absoluten* Übergewicht über das Liebesprinzip bringen kann. Am auffallendsten zeigt sich das in der Tatsache, daß auch bei dem verwegensten Anwalt des Machtprinzips, bei Machiavelli nämlich, noch ein gewisser Kompromiß mit dem Liebesprinzip geschlossen wird, im Interesse der Macht freilich; aber dieser Kompromiß ist trotzdem eine geheime Ohnmachtserklärung des reinen Machtprinzips vor dem Liebesprinzip. Ein weiterer Beweis für diese Ohnmacht des Machtprinzips liegt ferner darin, daß es sich auch dort noch, wo es mit scheinbar ungebrochener Intensität auftritt, mit idealen Argumenten zu verteidigen sucht. Alles in allem zusammengefaßt: wenn auch der Zeitwille des Machtprinzips zuweilen noch so sehr endgültig das Übergewicht über den idealen Ewigkeitswillen gewonnen zu haben scheint, so herrscht tatsächlich doch das Ewigkeitsprinzip objektiv vor. Denn das Unendlichkeitsstreben der Macht selbst und der geistige Kulturüberbau, der sich fast immer auf ihrer Basis erhebt, sind die besten Zeugen dafür, daß in dem Konflikt zwischen Macht und Liebe der Idealfaktor nur scheinbar die schwächere Kraft hat, weil ja doch *er* in Wirklichkeit das »primum movens« dieser ins Unendliche weisenden Selbsttranszendierungsbewegung des Geistes ist.

Damit berühren wir dann auch schon das zweite Moment. Wir müssen nämlich die erstaunliche Weisheit des Seins bewundern, die in der *Methode* zu sehen ist, wie jene uns dem

Prinzip nach unaufhebbar erscheinende Antinomie faktisch in einem intermittierenden Wechselprozeß gelöst wird. Da nämlich Macht und Liebe zusammenwirkend die antithetische Struktur der niederen Form des »nexus animarum« konstituieren müssen, so verteilen sich fortwährend die Rollen der beiden Prinzipien ganz naturhaft auf Einzelpersönlichkeiten, in denen jeweils ihrer Anlage gemäß das eine oder das andere Prinzip, wenigstens im temporären Selbst, ein ins Extrem gesteigertes Schwergewicht hat. Und so wechseln sich denn die großen Abenteurer der Gewalt mit den heroischen Abenteurern der Liebe in der Geschichte dauernd ab und halten mit ihren einseitig gerichteten Tendenzen das Wechselspiel in Gang. Die Folge davon ist, daß zwar der ganze Leidensweg der Menschheit überall mit den Blutspuren der Macht bedeckt ist. Aber überall auf diesem Wege läßt sich auch der reine und weithin leuchtende Glanz der Liebe verfolgen. Das jenseitige Reich des Friedens baut sich mitten hinein in das diesseitige Reich der Machtdämonie, als ein Zeichen dafür, daß der vorläufige antithetische »nexus animarum« mehr ist als eine bloß naturhafte Vitaleinheit der in ihm miteinander und gegeneinander agierenden endlichen Willenskräfte, und zugleich auch als eine Bürgschaft dafür, daß irgendwo im Unendlichen der metaphysische Endpunkt dieser antithetischen Spannung liegt, deren dunklen Ernst wir hier zwar nicht aufzuheben, aber doch wenigstens von Etappe zu Etappe durch den Heroismus der Liebe zu mildern vermögen.

## Das Abenteuer der Philo-Sophie

*Der griechische Philosoph Pyrrhon aus Elis (360–270 v. Chr.) war der Meinung, alles sei gleichgültig, weil es keine vollkommene Erkenntnis gebe, und der Weise tue gut daran, sich jedes Urteils zu enthalten. Unerschütterlich und unverwirkt gelte es, Gelassenheit zu pflegen. Diesem »Pyrrhonismus« (Skeptizismus) steht der »Dogmatismus« gegenüber, der sich der Erkenntnis so sicher ist, daß er sie absolut setzt. Wust richtet sich gegen beide Extreme: »Beide wollen sich von dem Zustand des Unterwegsseins befreien, der nun einmal zum Wesen der Menschennatur gehört.« Der Weise ist immer unterwegs (in via) und meidet den drohenden Abgrund extremer Positionen. Er weiß, daß diese Abgründe auf ihn lauern, er muß dieser extremen Bedrohung von beiden Seiten seine Vernunft als »offenes Auge« entgegenstellen und durch ein »Maximum der Ehrfurcht, ein Maximum der Demut, ein Maximum der Liebe« begleiten. Dann mag es »dialektisch«, wie Wust sagt, gelingen, »im Liebesblick des Glaubenswagnisses« Sicht zu gewinnen, die »mit Staunen entdeckt, in der Sicherheit der Ungesichertheit«, den rechten Weg gefunden zu haben. In diesem Kapitel kann man lernen, was es heißt, Philosophie zu leben.*

*Abschließend nähert sich Wust jenem frühen Weisen der Antike, der uns anfangs beschäftigte, allerdings im qualitativen Sprung: »Das Wagnis der Weisheit ist nur möglich, wenn das höchste menschliche Ethos erreicht ist, das Ethos der kindlichen Gelassenheit.«* (Quelle: GW Bd. IV, S. 273–293)

## Aus: »Ungewißheit und Wagnis«, 15. Kapitel

Den einfachsten Beweis dafür, daß der Mensch mit seiner Vernunft weder im absoluten Dunkel der völligen Ungewißheit noch im absoluten Licht der völligen Gewißheit steht, sondern in einer Art Halbdunkel zwischen Ungewißheit und Gewißheit, liefert uns die Tatsache, daß in der menschlichen Geistesgeschichte dauernd die beiden Parteien der Vernunftoptimisten und der Vernunftpessimisten einander gegenüberstehen und sich im Kampf um die Wahrheit die Waage halten. Es sind jene beiden Parteien, die Pascal in seinen *Pensées* als die Dogmatisten und die Pyrrhonianer bezeichnet hat und von denen er sagt: »Wer löst diese Verwirrung? Die Natur verwirrt die Pyrrhonianer, die Vernunft die Dogmatisten. Was soll aus dir werden, o Mensch, mit Deiner natürlichen Vernunft? Du kannst weder eine dieser Schulen umgehen noch in einer von ihnen bleiben. – Das ist das Bild des Menschen gegenüber der Wahrheit.«

Pascal hat damit die dialektische Situation der menschlichen Vernunft gegenüber der Wahrheit mit äußerster Prägnanz gekennzeichnet. Der extreme Vernunftoptimismus der Dogmatisten findet seinen notwendigen Widerpart in dem extremen Vernunftpessimismus der Pyrrhonianer. Aber auch dieser radikale Vernunftpessimismus findet seine Widerlegung in dem Vernunftoptimismus der Dogmatisten. Und so deuten beide Parteien, ohne es selbst zu wollen, auf jenen Zwischenzustand hin, in dem der Mensch tatsächlich existiert, auf jenes beständige Unterwegssein von der Finsternis zum Licht, das ihn als den Wanderer auf dem Wege zur Wahrheit, als den *viator* charakterisiert.

Die Dogmatisten sind gegenüber den Pyrrhonianern mit ihrem Vernunftoptimismus im Recht, und die Pyrrhonianer sind ihrerseits gegenüber den Dogmatisten auch wieder im Recht mit ihrem Vernunftpessimismus. Aber beide Parteien sind auch wieder insofern im Unrecht, als sie, jede in ihrer Weise, die Teilwahrheit, die sie erfaßt haben, verabsolutieren und so zu Häretikern werden. Die Dogmatisten werden häretisch durch ihren allzu leichtfertigen Vernunftoptimismus und die Pyrrhonianer werden häretisch durch ihren verzweifelten Vernunftpessimismus. Aber beide Parteien sind eigentlich Egoisten einer falschen Vernunftsekurität. Denn beide wollen gegenüber der unendlichen Beunruhigung, die sie von der Wahrheit her erfahren, ihre endgültige Gesichertheit erlangen. Beide wollen sich von dem Zustand des Unterwegsseins befreien, der nun einmal zum Wesen der Menschennatur gehört. Die Dogmatisten möchten sich allzu eilig in endlichen Wahrheitsgehäusen ansiedeln, um gegen jene Unendlichkeit der Wahrheit geschützt zu sein, die sie in ihrer Denkträgheit als etwas Störendes und Unbequemes empfinden. Die Pyrrhonianer aber möchten lieber wie Nomaden auf freiem Felde wohnen, weil sie die stets drohenden Erdbeben fürchten, die von Zeit zu Zeit alle menschlichen Wahrheitsgehäuse wieder zerstören. Die Dogmatisten huldigen dem falschen Sekuritätsideal einer endgültigen Seßhaftigkeit, und die Pyrrhonianer lassen sich verlocken von dem trügerischen Ideal einer absoluten Ungebundenheit und Freizügigkeit.

Dogmatismus und Pyrrhonismus deuten demnach auf die beiden Abgründe hin, die den Menschen auf seinem Wege zur Wahrheit dauernd bedrohen. Die Dogmatisten geraten in den Abgrund eines falschen Vertrauens, die Pyrrhonianer in den Abgrund eines falschen Mißtrauens. Sie gleichen beide in eigenartiger Weise jenem ungleichen Brüderpaar in der Parabel vom verlorenen Sohn, von dem wir in unserer Untersuchung ausgegangen sind. Der Dogmatist gleicht dem älteren Bruder: Er liebt allzusehr den schützenden Kreis seiner definiten Rationalität, in deren Formalismus er schließlich erstarrt und damit die Aufgeschlossenheit für die Unendlichkeit des Lebens verliert. Der Pyrrhonianer aber gleicht dem jüngeren Bruder: Er wehrt sich verzweifelt gegen jede rationale Definitheit und sucht sein Heil auf jenem Wege, der aus dem schützenden Kreis hinausführt in die ewige und unendliche Fremde, in die absolute Heimatlosigkeit. Auf diese Weise gerät er dann in die Chaotik einer prinzipiellen Form- und Bindungslosigkeit. Er liebt das absolute Vagantentum des Geistes, weil er die unerbittliche Determination der Wahrheit als unerträglich empfindet.

So fehlt beiden etwas Wesentliches in ihrem letzten Verhältnis zur Wahrheit, zum Leben, zur Wirklichkeit, zum Sein. Sie scheiden sich voneinander wie die beiden Pole des Eleatismus und des Heraklitismus. Der Dogmatist verwechselt als einseitiger Eleatist die tote Form seiner subjektiven Wahrheit mit der lebendigen Form der objektiven Wahrheit, die keine endliche Erstarrung zulassen kann, sondern immer über sich hinausweist ins Unendliche. Der Pyrrhonianer aber, als einseitiger Herakliteer, verwechselt seine schlechte Unendlichkeit einer absoluten Chaotik mit jener wahrhaften Unendlichkeit, in der Form und Fülle, Gestalt und Leben zu einer wunderbaren Einheit vermählt sind.

Was demnach beiden als das Wesentliche fehlt, das ist das Wagnis der Weisheit, ohne das der Mensch die eigentliche Wahrheit des Lebens niemals erreichen kann. Dieses Wagnis der Weisheit aber verlangt, wie aus dem Bisherigen leicht ersichtlich ist, ein Doppeltes. Es verlangt statt der Einseitigkeit, die sich auf beiden Seiten bemerkbar macht, die Synthese der auseinandergerissenen Wahrheitsmomente. Es verlangt die Synthese von Form und Fülle, von Gestalt und Leben. Und das bedeutet für die subjektive Haltung des Geistes gegenüber der Totalität der objektiven Wahrheit die weisheitsvolle Vereinigung von geistiger Festigkeit und geistiger Beweglichkeit, von Bindung und Freiheit.

Von hier aus wird denn auch das Positive erst faßbar, das sich in jener Synthese verbirgt, die Karl Jaspers für die redliche Haltung der Vernunft gegenüber dem Sein gefordert hat. An sich mutet die von Karl Jaspers geforderte Synthese der spekulativen Vernunft zwischen dem Nihilismus Friedrich Nietzsches und dem Glaubensabsolutismus Sören Kierkegaards an wie der objektive Widerspruch des viereckigen Kreises. Bei näherem Zusehen aber bemerkt man, wie hinter dieser an sich unmöglichen Forderung sich dennoch eine tiefe Einsicht ankündigt. Denn es ist im Grunde die Synthese der positiven Wahrheitsmomente von Dogmatismus und Pyrrhonismus, die Karl Jaspers vorschweben dürfte, während er in Wirklichkeit die negativen Momente dieser beiden Geistesrichtungen miteinander verbunden hat.

Das hier geforderte Wagnis der Weisheit aber, das dem Halbdunkel der menschlichen *Insecuritas*-Situation als die einzige Möglichkeit für die dem Menschen gestellte Lebensaufgabe entspricht, ist das höchste Ideal der Vernunft überhaupt. Von einem Wagnis der Weisheit aber muß in der spezifischen Daseinssituation des Menschen deshalb gesprochen werden, weil es sich bei ihm nicht um die Weisheit an sich handeln kann, sondern nur um jene endliche Gestalt der Weisheit, die noch auf dem Wege ist zur Weisheit selbst. Diese menschliche Weisheit ist deshalb auch von Sokrates mit Recht als die Liebe zur Weisheit bezeichnet worden. Ihr eigentliches Wesen liegt also gerade in dem bloßen *in-via*-Sein und in der ehrfurchtvollen Bejahung dieses beständigen Unterwegsseinmüssens. Die absolute Weisheit, die uns als das ewige Ideal vorschwebt, an dem wir uns ohne Unterlaß orientieren müssen, ist jene vollkommene Seinserfüllung, für die es kein Wagnis mehr geben kann. Sie ist jene *securitas aeterna,* die keinen drohenden *Insecuritas*-Abgrund mehr unter sich hat. Die endliche Weisheit aber bedarf gerade dieses *Insecuritas*-Abgrundes, da sie sonst nicht mehr »unterwegs« sein könnte, um in Kampf und Mühsal von Stufe zu Stufe höher hinanzusteigen, ihrem absoluten Vollendungsziele entgegen. Worin aber besteht nun das Wesen dieser endlichen Weisheit? Und was soll es eigentlich bedeuten, wenn wir von einem Wagnis der Weisheit sprechen? Diesen beiden Fragen müssen wir zunächst nachgehen.

In erster Linie ist hier gleich der Irrtum abzuweisen, der so leicht durch den sprachlichen Zusammenhang von Wissen und Weisheit entsteht. Nicht wenige neigen zu der Ansicht, daß das Wesen der Weisheit im Wissen schlechthin zu suchen sei. Sie verwechseln die Weisheit mit bloßer Gelehrsamkeit oder sprechen wenigstens in der Hauptsache den Gelehrten und am meisten den Philosophen die Weisheit zu. Obwohl nun aber die Weisheit tatsächlich mit dem Wissen zusammenhängt, so ist doch noch lange nicht jede Form des Wissens als Weisheit anzusprechen. Im Gegenteil, gerade in der Form jenes Wissens, das wir als Gelehrsamkeit bezeichnen, lauert am meisten die Gefahr der Unweisheit. Und erst recht ist die Weisheit nicht eine ausschließliche Prärogative der Philosophen, obwohl die Philosophie ihrem Wesen nach Liebe zur Weisheit ist. So manche Philosophen entsprechen nämlich in ihrem Verhältnis zur Wahrheit und zur Wirklichkeit gar nicht dem Ideal der Philosophie. Überhaupt aber ist die Weisheit in erster Linie ein Ideal der spezifischen Lebensvollendung. Deshalb ist denn auch ein jeder Mensch zur Weisheit berufen, namentlich, wenn man den Begriff der Weisheit in dem weiteren Sinne faßt, der ihm als einem praktischen Ideal des Lebens zukommt.

Freilich setzt die Weisheit, auch in diesem weiteren Sinne, immer ein Wissen voraus. Aber es ist kein Wissen von quantitativer, sondern von qualitativer Natur. Es zielt nicht in die Breite, sondern in die Tiefe. Weise ist derjenige, der seinen Blick offenhält für die Wesenstiefen des Lebens. Das Wissen dieser Weisheit des Lebens ist also dadurch charakterisiert, daß der Wissende die spezifischen Gefahren überwunden hat oder wenigstens zu überwinden bestrebt ist, die von Natur allem endlichen Wissen einwohnen. Es sind im wesentlichen zwei Gefahren, um die es sich dabei handelt. Die erste Gefahr ist die Wissenssattheit. Der Wissenssatte ist derjenige, der, aufgebläht durch seinen vermeintlichen Wissensbesitz, die Ehrfurcht vor der Unendlichkeit verloren hat. Denn alles erreichte Wissen weist über sich hinaus in die Unendlichkeit. Wer der Wahrheit nachgehen will, darf nie jene Sehnsucht in sich ertöten, die ihn in die Tiefe der Wahrheit hinabweist. Die zweite Gefahr des Wissens aber liegt in der unbeherrschten und unfrommen Wissensgier, die den menschlichen Geist entweder mehr in die Breite als in die Tiefe drängt oder die ihn vor den letzten Geheimnissen der Wahrheit nicht in Ehrfurcht haltmachen läßt. Damit aber kommen wir wieder auf Pascals Unterscheidung der beiden Schulen des Dogmatismus und des Pyrrhonismus zurück. Die Dogmatisten verfallen der Gefahr der Wissenssattheit. Und eben damit geraten sie in den erstarrten Wissensformalismus. Die Pyrrhonianer aber scheitern an der unbeherrschten Wissensgier, die allem endlichen Wissen so leicht droht. Und diese unbeherrschte Wissensgier treibt sie über die dem menschlichen Geist gesetzten Schranken hinaus, wobei sie, da sie ihr falsches Ziel doch nicht erreichen können, schließlich zu dem stolzen oder auch feigen Verzicht auf alles Wissen überhaupt kommen.

Das Wissen der wahren Lebensweisheit aber vermeidet diese beiden Gefahren des Zuwenig und des Zuviel. Es beachtet das Maß, das allem Menschlichen seine Hoheit und seine Schönheit gibt. Es vermeidet die falsche Ruhe wie die falsche Unruhe. Deshalb führt denn auch dieses Wissen den Menschen mehr und mehr zu jener edlen Gelassenheit, in der Ruhe und Tätigkeit sich zu einer harmonischen Einheit verbinden.

Außerdem aber ist das Wissen, das der Lebensweisheit zugrunde liegt, ein existentielles Wissen. Es gehört der Person nicht bloß äußerlich zu, als eine Art Akzidens, sondern es gehört zu ihrer Substanz. Wie es aus der substantialen Tiefe der Person hervorgeht, so wirkt es auch wieder in diese Tiefe zurück. Es formt, es gestaltet, es bildet den Menschen in seiner Totalität. Und es prägt seinem ganzen Leben den Stempel der seelischen Vornehmheit auf. Der Weise sieht nicht nur klar die tieferen Sinnzusammenhänge des Lebens und erkennt nicht nur die Forderungen, die dieser Sinn des Lebens an ihn stellt. Er unterwirft sich auch diesen Forderungen und ordnet sich ein in die Sinnzusammenhänge des Lebens, und zwar nicht etwa grollend oder mißmutig oder resigniert, sondern ehrfurchtsvoll, dankbar, heiter, mit jener kindlichen und souveränen Sicherheit, die nur die große Liebe geben kann. Vom *Wagnis* der Weisheit aber dürfen wir in einem doppelten Sinne sprechen. Es handelt sich nämlich nicht um ein blindes Wagnis, sondern um ein Wagnis, das seine Grundlage in der Sehfähigkeit der Vernunft hat. Das Sein ist ja doch nun einmal so geordnet, daß unsere Vernunft durch alle seine Erscheinungen von der Oberfläche her in seine geheimnisvollen Wesenstiefen hinabgelenkt wird. Es ist von einer wunderbaren Analogie durchwaltet, und an dem Zauberfaden dieser Analogie können wir uns in etwa durch die labyrinthische Mannigfaltigkeit seiner Erscheinungen bis in seine zentrale Einheit hineingleiten lassen. Der Lebensweise hat ein offenes Auge für den feinen Gleichnischarakter aller Erscheinungen.

Trotzdem aber bleibt dieses in etwa vernunftfundierte Wagnis der Lebensweisheit doch noch ein Wagnis im echten Sinne des Wortes. Denn einerseits ist die Sehfähigkeit der menschlichen Vernunft doch nur sehr schwach im Verhältnis zur Tiefe und Dunkelheit des Seins. Unsere Vernunft hat gleichsam nur die minimale Leuchtkraft einer winzigen Kerze. Auf der anderen Seite überwiegt bei aller Analogie des Seins doch so sehr das scheinbar Labyrinthische, Irrationale, Unstimmige und Unberechenbare, daß ein oberflächlicher Rationalismus immer in der Gefahr ist, die Wirklichkeit entweder begrifflich zu vergewaltigen oder an dem Schein ihrer Irrationalität zu verzweifeln. Und hier setzt das eigentliche Wagnis der Weisheit ein. Die wahre Lebensweisheit wagt auf das Minimum der menschlichen Sehfähigkeit das Maximum des Glaubens an die universale Ordnung. Und das bedeutet ein Maximum der Ehrfurcht, ein Maximum der Demut, ein Maximum der Liebe.

Aber dieses Wagnis der Weisheit ist, und das ist gerade das Bedeutsamste, nicht nur oder wenigstens nicht in erster Linie eine Frucht der menschlichen Aktivität. Dieses hohe Wagnis der Weisheit inmitten aller Dunkelheit des Lebens hat einen ganz eigenen Charakter des Charismas. Wohl ist es Tat, aber eine Tat, die ganz und gar von einer höheren Kraft getragen ist und sich willig von ihr tragen läßt. Von daher stammt jene unbegreifliche Paradoxie des Lebens, daß die wahre Weisheit, die Weisheit der hohen Liebe und der kindlichen Gelassenheit, sich am wenigsten bei denjenigen findet, die durch Verstandeskultur aus der Menge hervorragen. Gerade die Wissenden und in erster Linie die Philosophen unter den Wissenden müssen sehr oft die weitesten Umwege machen, um das hohe Lebensideal der Weisheit zu erreichen, während die Unwissenden und die sogenannten Unmündigen vielfach ohne alle Umwege ans Ziel gelangen.

Dieses Wagnis der Weisheit steigert sich nun aber in seiner Intensität in dem Maße, wie wir von der untersten bis zur obersten Ebene des menschlichen *Insecuritas*-Raumes emporsteigen. Je tiefer die Dunkelheiten der verschiedenartigen Daseinssituationen von der Fortunaebene über die Wissensnot bis zur Heilsnot werden, um so schwieriger und gefahrvoller wird dieses Wagnis. Aber mit dieser wachsenden Gefahr wächst auch der Heroismus der großen Liebe, von der es allemal getragen ist. Und immer schließt es die gleiche Besonnenheit in sich ein, die den Menschen zurückhält von den Abgründen des Zuwenig und des Zuviel, von den Abgründen der Verzweiflung und der Vermessenheit, der Verzagtheit und der Verstiegenheit. Das Wagnis der Weisheit zielt auf die klassische Mitte des Lebens, ohne damit der Mittelmäßigkeit Raum zu geben.

Auf der Ebene der Fortunanot bedeutet das Wagnis der Lebensweisheit jene Gelassenheit, die den Menschen ebenso vorsichtig macht gegenüber dem Wohlwollen der Glücksgöttin wie vor ihren unerwarteten und zuweilen tückischen Nackenschlägen. Die Fortuna ist immer eine verführerische Macht, sei es nun dadurch, daß sie den Menschen zeitweilig verblendet durch ein falsches Glück, sei es dadurch, daß sie ihn mit ihrer Launenhaftigkeit zuweilen mit dem Schein der absoluten Alogizität in die düstersten Abgründe der Verzweiflung verlockt. Das Wagnis der Weisheit widersteht diesen beiden Gefahren eines trügerischen Lebensoptimismus und eines völlig verzagenden Schicksalspessimismus. Der Lebensweise bewahrt im Glück wie im Unglück auf der Fortunaebene den Glauben an eine weise Weltregierung, die auch das launenhafte Spiel der Glücksgöttin noch in ihre großen Gesamtpläne einzuordnen weiß.

In der abgründigen letzten Wissensnot bedeutet das Wagnis der Weisheit jene besonnene Verbindung von Vernunftoptimismus und Vernunftpessimismus, wie sie dem naturhaften Ethos der Objektivität unserer Naturanlage entspricht. Wir haben an einer früheren Stelle eingehend erörtert, wie dieses naturhafte Ethos der Objektivität am schärfsten auf die Probe gestellt wird gegenüber dem Prinzip der universalen Seinsintelligibilität, das uns nur dann in seiner apriorischen, erfahrungsunabhängigen Gültigkeit evident wird, wenn wir uns in Gelassenheit in seine letzten Bedeutungstiefen versenken. Das Sein wird nur durchsichtig für denjenigen Geist, der ihm mit dem unbefangenen Blick des Kindes naht. Die letzte Lebensweisheit ist gerade in den schwierigsten Fragen der Erkenntnis nichts anderes als eine Rückkehr zu jenem unschuldigen und reinen Gestaltblick für das Sein, der das kindliche Gemüt auszeichnet. »Wer das Tiefste gedacht, liebt das Lebendigste«, so lautet ein Wort Hölderlins, das auf diese Seinsunmittelbarkeit aller tieferen Erkenntnis hindeutet.

Auf der obersten Ebene des menschlichen *Insecuritas*-Raumes aber verwandelt sich das Wagnis der Weisheit aus seiner natürlichen Gestalt in die übernatürliche Gestalt der Glaubensweisheit im vollendeten Sinne des Wortes Glauben. Der übernatürliche Glaube erst ist »das Wagnis aller Wagnisse«. Aber gerade er ist kein blindes Wagnis, sondern das weisheitsvollste Wagnis überhaupt. Dieser übernatürliche Glaube ist zwar ein Gehorchen und damit ein Akt des Willens. Aber er ist auch ein Horchen und damit auch ein Akt des Intellekts. Er ist ein vernünftiges Gehorchen, ein *rationabile obsequium.* Aber diese Vernünftigkeit des übernatürlichen Wagnisses der Glaubensweisheit bedeutet keinerlei oberflächlichen Rationalismus. Die vom Licht des Glaubens erleuchtete Vernunft ist eine durch die Wunderkraft der Gnade über den gewöhnlichen Weltverstand hinaus erhöhte Vernunft.

Die übernatürliche Weisheit des positiven Glaubens ist deshalb auch das ewige Ärgernis für die Welt und ihre niederen Gestalten der Weisheit. So weit, wie sich die natürliche Weisheit erhebt über die alltägliche Gestalt des unweisen Wissens, so weit und unendlich weiter erhebt sich die übernatürliche Weisheit des Glaubens wieder über die natürlichen Gestalten der bloßen Weisheit dieser Welt[36]. Denn das übernatürliche Weisheitswagnis des Glaubens ist die höchste Gestalt der Liebe. Es ist jene Liebe, die den platonischen »Eros« weit hinter sich läßt. Denn diese übernatürliche Liebe, die das Wesensgesetz des Glaubens ist, begegnet uns erst in jener Gnadenkraft der *Charitas*, in der die Vernunft nicht vom Niederen zum Höheren emporsteigt, sondern aus ihrer natürlichen Tiefe emporgezogen wird. Die einzige Aktivität des Menschen aber besteht bei dieser höheren Gestalt der Liebe darin, daß er ihrer wunderbaren Attraktionskraft nicht widersteht.

Immer jedoch wird dieses höchste Liebeswagnis der Glaubensweisheit wie ein unbegreifliches Wunder und wie ein erstaunliches Geheimnis inmitten der natürlichen »Welt« stehen. Die gesamte natürliche Logik wird an dem Geheimnis dieser übernatürlichen Weisheit zuschanden. Zwar wird die »Welt« diejenigen, die sich in dieses höchste Wagnis hineinlassen, ganz selbstverständlich immer wieder mit ihrem Spott überschütten und sie wie Trunkene betrachten, die den Verstand verloren haben. So sagte man ja auch von den Aposteln, die am ersten Pfingsttag vor aller Welt Zeugnis ablegten für den Glauben an das Übernatürliche: »Sie sind voll süßen Weines.«

Trotzdem wird dann aber auch der gleiche Weltverstand zuweilen mit höchster Verwunderung vor jener weltüberlegenen Sicherheit zurücktreten, mit der dieses Wagnis der übernatürlichen Weisheit sich in das tiefste Dunkel der

Erdennot hineinbegibt, wie wenn dabei überhaupt nichts gewagt zu werden brauchte. In der Tat hat denn auch dieses höchste und edelste aller Wagnisse eine Erleuchtung der Vernunft zur Folge, die kein Wissen dieser Erde zu bewirken vermag. Der niedere Verstand der »Welt« kann sich zwar diese gnadenhafte Erleuchtung der Vernunft beim Wagnis des Glaubens nicht deuten. Aber er ahnt zuweilen doch, daß es sich bei diesem übernatürlichen Heroismus des Glaubens um etwas mehr handeln muß als um einen bloßen Sprung der Willkür in eine absolut dunkle Seinsregion.

In der Tat ist denn auch das größte Wunder beim übernatürlichen Wagnis der Glaubensweisheit, daß es die ganze natürliche *Insecuritas*-Not des Menschen mit einem Schlag verwandelt in eine völlig neue Situation, nämlich in die übernatürliche Situation einer *securitas insecuritatis.* Dieses »Wagnis aller Wagnisse« zertreut plötzlich alle Nebel dieser Welt und läßt alle Dinge in der Klarheit ihrer ewigen Konturen hervortreten. Und so wird denn die ganze Erscheinung der *Insecuritas humana,* sobald wir sie bis zu jenem Höhepunkt verfolgt haben, an dem aus ihr das höchste Wagnis der Weisheit entspringt, in ganz rätselhafter Weise dialektisch. Denn was bisher sich als äußerste Ungewißheit darstellte, enthüllt sich jetzt auf einmal als höchste Gesichertheit. Im Liebesblick des Glaubenswagnisses entschleiert sich die Welt. Und mit Staunen entdeckt nun der Mensch, der bisher einsam seinen gefährlichen Weg dahingeschritten ist, daß er gerade dann immer am meisten behütet gewesen war, wenn er sich am meisten der Gefahr des tödlichen Absturzes ausgeliefert zu sein gefürchtet hatte.

Schon beim Eintritt in unsere Untersuchung konnten wir in der Parabel vom verlorenen Sohn erkennen, daß die Begriffe Gesichertheit und Ungesichertheit, Geborgenheit und Ungeborgenheit in ihrer Anwendung auf das menschliche Dasein eine gewisse Doppeldeutigkeit verraten. So verwandelt sich z. B. die Geborgenheit des älteren Sohnes, der im Vaterhause geblieben ist, bei der Heimkehr des jüngeren Sohnes in ihr Gegenteil.
Am Ende unserer Untersuchung über die Erscheinung der *Insecuritas humana* werden wir nun noch einmal zu dieser Dialektik der in Frage kommenden Begriffe zurückgeführt. Jetzt aber ist es die Ungesichertheit und Ungeborgenheit des menschlichen Daseins, die uns ihre dialektische Kehrseite zeigt, so daß wir geradezu von einer Geborgenheit des Menschen in seiner Ungeborgenheit sprechen dürfen.
Es wäre allerdings falsch, wenn wir angesichts dieses dialektischen Umschlages der Problemsituation die menschliche *Insecuritas* nachträglich nur noch als eine subjektive Täuschung betrachten wollten. Die Tatsache der objektiven Ungesichertheit und Gefährdetheit des Menschen, der als ein Sucherwesen zwischen Ungewißheit und Wagnis gestellt ist, bleibt in ihrem vollen Ernst bestehen. Und vielleicht dürfen wir sogar sagen, daß sie sich uns jetzt noch ernster darstellt, als es anfänglich scheinen mochte, nachdem wir erkannt haben, daß die eigentliche *Insecuritas*-Not des Menschen in erster Linie seine metaphysische und nicht seine vitale Existenz betrifft. In der Fortunanot, in der Wissensnot und in der Heilsnot handelt es sich ja in der Hauptsache, wie wir gesehen haben, um die metaphysische Gefahr

der *geistigen* Selbstvernichtung des Menschen. Es ist das furchtbare Risiko seiner geistigen Existenz, was seinem Wagnis im Lebenskampf den tiefdunklen Hintergrund möglicher und wirklicher Tragik verleiht.

Nichtsdestoweniger ist die seinspessimistische Deutung der menschlichen *Insecuritas*-Not, wie sie in der heutigen Existenzphilosophie und zum Teil auch in der Dialektischen Theologie erfolgt ist, als verfehlt zu bezeichnen. Die *Insecuritas*-Situation des Menschen, die zweifellos besteht, kann nicht als ein Index für eine prinzipielle Brüchigkeit des Seins selbst oder gar des letzten Seinsgrundes in Anspruch genommen werden. Je tiefer wir nämlich in das Wesen dieser *Insecuritas*-Not eingedrungen sind, um so mehr hat sie sich uns enthüllt als eine Folge jener wunderbaren Weisheit, die das ganze Sein durchwaltet. Für den im Daseinskampf stehenden Menschen mag es zwar von vornherein so scheinen, als sei er im Verhältnis zum Tier von der Natur gleichsam stiefmütterlich behandelt worden. Aber dieser ursprüngliche Aspekt stellt sich als eine Täuschung heraus, sobald man auf den tieferen Sinn der Wesensindefinitheit und der mit ihr zusammenhängenden Gefährdetheit des Menschen aufmerksam geworden ist. Was anfangs sinnlos erscheinen will, das stellt sich bei näherem Zusehen als planvoll heraus, als die weise Absicht einer allwaltenden Vorsehung. Und zwar ist es nicht etwa nur die Weisheit jener allgemeinen Vorsehung *(providentia generalis)*, die in der Schöpfung und Erhaltung der Welt überhaupt hervortritt, was sich hier offenbart. Es ist vielmehr die ganz tiefe Weisheit einer besonderen Fürsorge *(providentia specialis)*, was wir in der Erscheinung der menschlichen *Insecuritas* überall am Werke sehen. Es ist die besondere Fürsorge für die geistige Kreatur, die wir in dieser spezifischen Daseinssituation des Menschen erfahren. Wenn wir aber die Schicksalswege der einzelnen Menschen noch genauer in ihrem Detail betrachten, dann dürfen wir sogar den streng theologischen Begriff der *providentia specialissima* hier zur Anwendung bringen. Denn das Auge der Vorsehung ist so ausschließlich auf den Lebensweg eines jeden einzelnen Menschen gerichtet, daß jede Seele in einem ganz einzigartigen Verhältnis zum Schöpfer und Erhalter ihres Seins steht. Jeder irrende, suchende, heimverlangende Mensch ist in absolut einmaliger Weise geborgen auf dem gefahrvollen Wege zu seinem letzten Ziel. Das Maß der fürsorgenden Liebe ist zwar bei den einzelnen Menschen verschieden. Aber kein Mensch ist von dieser Fürsorge prinzipiell ausgeschlossen.

Wenn es nun aber dem Menschen meist so schwer fällt, diese Geborgenheit seiner ganzen Existenz in der Weisheit der Vorsehung zu erkennen, dann liegt es daran, daß er sein Glück so oft mißversteht. Als Glück betrachtet er in der Regel nur das, was in die Pläne seines Eigenwillens hineinpaßt. Jede Durchkreuzung dieser seiner eigenen Lebenspläne erscheint ihm als ein Unglück. Jene Macht aber, die sich ihm auf seinem Lebenswege so oft entgegenstellt, deutet er meistens als ein Wesen der Laune, der Willkür, der Grausamkeit. Er bemerkt gar nicht, wie gerade in dieser scheinbaren Sinnwidrigkeit des Lebensschicksals Methode steckt, und zwar die Methode einer Liebe, die ihre Weisheit und ihr Wohlwollen hinter der Härte ihrer Zuchtmittel verbirgt.

So bedarf es denn oft sehr vieler Umwege, bis der Mensch einsehen lernt, daß das Mißlingen aller Pläne seines Eigenwillens einen ganz tiefen Erziehungssinn hat und daß widrige Lebensschicksale nur Gnade der Vorsehung sind. Die Vorsehung muß zunächst durch immer neue Rückschläge seinen Eigenwillen so lange zermürben, bis gleichsam ein leerer Raum im Innern der Seele entstanden ist, in den die übernatürliche Kraft der Gnade einströmen kann.

Was aber so für die Schicksale des Einzelmenschen im kleinen gilt, das gilt genauso für die Völker- und Menschheitsschicksale im großen. Deshalb kann man denn auch das Wort Montesquieus, das wir an einer früheren Stelle angezogen haben, im Grunde als den Ausdruck eines oberflächlichen Sekuritätsoptimismus betrachten. Es ist zwar in einem gewissen Sinne richtig, daß, wie Montesquieu meint, die Zeitalter glücklich zu nennen seien, deren Geschichte langweilig ist. Man darf jedoch dabei nicht vergessen, daß der Begriff »Glück« im menschlichen Leben relativ zu nehmen ist. Wenn das Glück des Menschen nur in seiner bürgerlichen Existenzsicherheit gesucht wird, dann sind freilich alle jene Zeitalter glücklich zu nennen, die von dem Sturmwind der großen Geschichte verschont bleiben. Wenn man aber das Glück des Menschen in seiner Seinsverwesentlichung sieht, die nur unter dem harten Druck des Schicksals zustande kommt, dann sind gerade die Zeitalter der *Insecuritas historiae* als die außergewöhnlichen Epochen der Gnade zu betrachten. Denn der Mensch erfährt das, was er seinem tieferen Wesen nach ist, erst in dem beängstigenden Schicksalssturm der außergewöhnlichen historischen Dynamik.

Selbst die Zeitalter des Irrtums und des Unglaubens haben, von einer höheren Warte aus betrachtet, im Ganzen der weltgeschichtlichen Bewegung mehr eine positive als eine negative Bedeutung. Die Weltgeschichte mit ihrem ewigen Rhythmus in der Periodizität von Gottesnähe und Gottesferne ist gleichsam der mystische Kreuzweg der Menschheit zu ihrem letzten Ziel der Vollendung. Von Origenes stammt der tiefe Gedanke, daß die Menschheit die dauernde Gottesnähe nicht ertragen könne und daß sie zuweilen der Gottesferne bedürfe, um in den Epochen einer säkularisierten Kultur wieder erkennen zu lernen, wie arm sie ohne Gott sei. Gerade in der Anwendung auf die Weltgeschichte erhält also die Parabel vom verlorenen Sohn ihren allertiefsten Sinn. Die eigentliche Tragik der Geschichte liegt ja nicht darin, daß die so mühsam aufgebauten Kulturwerke des Menschen stets wieder in Ruinen verwandelt werden. Die tiefer liegende Tragik der Geschichte ist vielmehr darin zu suchen, daß die Menschheit aus dem Licht der klarsten Erkenntnisse stets wieder in das Dunkel des Irrtums und der Unwahrheit zurückgeworfen wird. Aber all diese Tragik des irrenden Geistes erhält einen positiven Sinn, wenn wir bedenken, daß nur auf diesem Wege der Mensch vor jener Vermessenheit behütet werden kann, in die ihn die unangefochtene Erkenntnissicherheit so leicht hineingeraten läßt.

Die in der Welt soviel beklagte Diskrepanz zwischen Menschenwille und Schicksalslauf ist also letzten Endes von einer ganz tiefen Sinnhaftigkeit. Es ist die unendliche Diskrepanz zwischen irdischer Kalkulationslogik und überirdischer Vorsehungslogik. Es ist jener *hiatus irrationalis,* den die göttliche Vorsehung selbst als notwendig gekennzeichnet hat durch das Wort: »Meine Gedanken sind nicht eure Gedanken, und meine Wege sind nicht eure Wege.« In dieser Diskrepanz aber findet nur der unfromme Intellekt einen Grund zum absoluten Ärgernis. Das Wagnis der Weisheit jedoch überbrückt diese Kluft, und dann stellt sich als letzte Geborgenheit heraus, was anfänglich wie völlige Ungeborgenheit erscheinen wollte.

Dieses Wagnis der Weisheit ist jedoch nur möglich für denjenigen Menschen, der die seelische Unrast seines Eigenwillens und seiner Selbstsucht aufgibt und sich durchringt zu der tiefen inneren Stille des Herzens, in der die Stimme der Liebe vernehmbar wird. Diese heilige Stille und Gleichgültigkeit des Herzens hat der Mystiker Franz von Sales charakterisiert als das *Ni désirer, ni refuser* des Eigenwillens. Der Mensch darf weder das verlangen, was seinem Eigenwillen gefällt, noch das zurückweisen, was seinem Eigenwillen mißfällt. Das Wagnis der Weisheit ist nur möglich, wenn das höchste menschliche Ethos erreicht ist, das Ethos der kindlichen Gelassenheit. Es ist die feine Resignation der Weisheit, die freilich nicht verwechselt werden darf mit der Resignation der dumpfen und stumpfen Verzweiflung. Das Wagnis der Weisheit bricht aus der großen Stille jener Seelen hervor, die nichts mehr für sich selbst wollen, sondern alles der majestätischen Macht des Objektiven anheimzustellen bereit sind. Die Unruhe der

Selbstsucht stürzt den Menschen immer nur in eine noch größere Unruhe hinein, und sie läßt ihn gerade das nicht erreichen, was er um jeden Preis erringen möchte. In der großen Stille der kindlichen Gelassenheit aber fällt dem Menschen gleichsam alles von selbst zu. Und in ihr erkennt er dann auch immer klarer, wie alle irdische Ungeborgenheit letzten Endes sich einordnet in das Umgreifende einer überirdischen Geborgenheit. In den tiefsten Gründen des Seins gibt es keine Unruhe mehr. Dort ist alles ewig-heitere Stille. Und so gilt in aller menschlichen *Insecuritas*-Not als letzte Lebenswahrheit das von einer tiefen Erfahrung zeugende Wort Goethes: »Wenn du stille wirst, wird dir geholfen.«

## Philosophie als Existenzfrage

*Die Philosophie hat es mit der »Seins-Sinn-Frage« in umfassender Bedeutung zu tun. Alle Bereiche, alle Fragestellungen des menschlichen Lebens können philosophisch thematisiert werden, insbesondere aber das große Welträtsel: Der Mensch. Wenn alle Wissenschaften mit ihren Methoden, Experimenten, Untersuchungen ihre Ergebnisse präsentieren und zu derzeitigen Abschlüssen gelangen, an die dann in fortlaufender Forschung wieder angeknüpft und alles jeweils »auf den neuesten Stand« gebracht und immer wieder weiter erschlossen wird, kennt die Philosophie diese partiellen Haltepunkte nicht. In einem großen Kontinuum bewegt sich ihr Denkprozeß, etwa von den Vorsokratikern über Platon, Aristoteles, Augustinus, Thomas ... bis Descartes und Leibnitz, und weiter über Hegel und Marx, Kierkegaard und Nietzsche bis zur Phänomenologie, dem Existentialismus und der kritischen Frankfurter Schule, bis Wittgenstein und ... und ... Weil alle Philosophie hintergründig immer wieder von der »Selbstsinnfrage« ausgeht, gemeint ist, wie Rosenmöller einmal sagt, das spontane, vom Unbewußten her in uns aufbrechende »metaphysische Denken«. Darum ist Philosophie eine Existenzfrage nicht nur im Sinne des »Existentialismus«, der war eine Zeitströmung, sondern als Wesenszug aller Philosophen und ihrer Philosophie: Die menschliche Wissenschaft! Diese »Wissenschaft« aber vollendet sich in dem, was der Philosophie ihren Namen gab, in Weisheit, der »Wissenstiefe« in Überschau und Bemeistern!* (Quelle: GW Bd. IV, S. 335–347)

## Aus: »Der Mensch und die Philosophie«, 3. Kapitel

### I.

1. Insofern eine besondere Beziehung zwischen dem Menschen und der Philosophie besteht, besteht auch eine engere Beziehung zwischen der *Philosophie* als *Wissenschaft* (Wahrheitserkenntnis) *und* der Philosophie als *menschenbildnerische Lebens- und Kulturmacht.* Diese Beziehung begegnet uns auch noch in einer anderen Gestalt, nämlich als die Beziehung zwischen der Philosophie als *Wissenschaft* und der Philosophie als *Weisheit.*

Die Griechen haben dieser Ersten Wissenschaft den bis heute gültigen und altehrwürdigen Namen gegeben, der sie als die *Liebe zur Weisheit* bezeichnet. Sie ist nicht die Weisheit selbst, sondern liebendes Streben nach der Weisheit oder auch weisheitsliebendes Streben nach der letzten, tiefsten und reinsten Erkenntnis der Wahrheit. Vgl. Platons Mythos vom Eros.

2. Die Beziehung in der Philosophie zwischen Wissenschaft und Weisheit stellt eine Art *Polarität* dar, in der irgendwie das Gleichgewicht zwischen den beiden Polen zu erhalten oder zu erstreben ist. Wenn dieses *Gleichgewicht gestört* wird, dann treten einseitige Gestalten der Philosophie auf den Plan. Es gibt in der Tat einseitige Verfechter des sogenannten reinen Wissenschaftsideals in der Philosophie, und

es gibt einseitige Verfechter des bloßen Weisheitsideals in der Philosophie.

a) Die *Verfechter des absoluten Wissenschaftsideals* möchten die Beziehung zwischen dem Menschen und der Philosophie vollkommen zerstören. Sie erstreben eine übermenschliche (eigentlich unmenschliche!) »Wissenschaft an sich«, darin vergleichbar den Vertretern einer »poésie pure« oder etwa einer »absoluten Musik«.

Dieses übermenschliche Reinheitsideal der Philosophie erscheint *zunächst* ganz im Dienste der reinen Objektivität der Erkenntnis zu stehen. *Sobald* man jedoch diesen extremen Objektivismus näher betrachtet, entlarvt er sich als antimetaphysischer Positivismus. Wenn nämlich dieser Objektivismus so besonderen Wert darauf legt, alle menschlichen Vorurteile zu beseitigen, so ist dagegen zunächst nichts zu sagen. Aber er betrachtet als Vorurteil auch alles das, was das metaphysische Selbstinteresse des forschenden Subjekts betrifft. Sein letztes Ziel ist eine *antimetaphysische* Selbstlosigkeit, ein antimetaphysischer Indifferentismus in bezug auf das naturhafte »metaphysische Denken«. Vgl. Auguste *Comte:* Dreistadiengesetz. Das aber ist eine Durchschneidung der naturhaften Beziehung zwischen dem Menschen und der Philosophie, zwischen metaphysischer Subjektivität und Wahrheit, die als eine förmliche Abschneidung des Menschen von der Wahrheit zu betrachten ist.

b) Ebenso einseitig wie dieser extreme Objektivismus eines absoluten Wissenschaftsideals in der Philosophie ist nun aber auch das *absolute Weisheitsideal* gewisser einseitiger Vertreter der Philosophie. Die Vorkämpfer für dieses absolute Weisheitsideal der Philosophie wollen in der Philosophie überhaupt keine Wissenschaft sehen, sondern nur eine praktische Lebenskunst und Lebenstechnik. Man vgl. etwa die Stoa und die östlichen Weisheitslehren! *Philosophie als Weltanschauung und als Lebenslehre.*

3. *Jede* dieser beiden einseitigen Richtungen hat nun zunächst zweifellos *etwas* Richtiges im Auge, etwas, was tatsächlich zum Wesen der Philosophie gehört.

a) Das *Reinheitsideal* des extremen Objektivismus zielt ab auf eine *gewisse* übermenschliche, übervitale Uninteressiertheit des Philosophen. Der Philosoph soll sich in einer aristokratischen Geisteshaltung über das Leben erheben, sich vom Leben distanzieren. Diese Lebens- und Selbstdistanzierung ist in der Tat vom Wesen der Philosophie gefordert. Die Philosophie verlangt in gewissem Sinne eine reine, unegoistische »vita contemplativa«, eine Art Lebensaskese. Der Philosoph muß sich vor allem von Gefühlen und Sentimentalitäten freimachen. Er muß sich einen kühlen Kopf bewahren. Er muß über die »Welt« und sogar über sich selbst lächeln können.

Diese Richtung schießt nun *insoweit* über das Ziel hinaus, als sie verlangt, daß der Philosoph sich auch von sich selbst distanzieren soll, insoweit er gewisse metaphysische Regungen in sich verspürt. Die forschende Vernunft kann sich aber nie von sich selbst als Vernunft distanzieren. Das Interesse der Vernunft an sich selbst gehört mit zum Wesen der Philosophie. Ja, es ist konstitutiv für das Wesen der Philosophie. »Die Vernunft kann nie hoch genug von ihrer eigenen Würde denken«, lautet ein Gedanke Hegels.

b) Auch die Verfasser des *extremen Weisheitsideals* haben zunächst etwas Richtiges im Auge. Denn die Philosophie ist ja in der Tat Liebe zur Weisheit. Aber sie ist eine Erkenntnisbemühung. Sie ist Wissenschaft, die aus der reinen Gesinnung der Weisheit und des Weisen geschehen muß. Je reiner die Wahrheitsgesinnung ist, aus dem Geiste der Weisheit heraus, um so klarer wird das Geistesauge für die Erkenntnis des Objektiven. Und umgekehrt gilt: Je reiner das Objektive vor das Geistesauge tritt, um so intensiver wird die Liebe zur Weisheit. Damit ist aber auch gesagt, daß die *Philosophie niemals* als eine rein praktische Lebenskunst oder bloß als eine Art Heilstechnik aufgefaßt werden kann, etwa als eine Art Ersatz der Religion. Die Philosophie kann noch so religiös sein, Religion selbst kann sie nicht werden. Sie kann immer nur Dienerin oder Gegnerin der Religion sein.

Die volle, ganze, die integrale Wesensgestalt der Philosophie verlangt also die wechselseitige Ergänzung der beiden Seiten von Wissenschaft und Weisheit.

4. Diese *Spannungseinheit* von Wissenschaft und Weisheit kündigt sich übrigens schon *bei dem* ersten *Versuch* an, *das Wesen der Philosophie zu definieren.*

a) *Zwei Fragen* tauchen nämlich allemal zugleich auf, wenn eine Wesensbestimmung der Philosophie versucht wird. Wenn wir nämlich das Wesen der Philosophie bestimmen wollen, dann dürfen wir *nicht bloß* fragen: Was ist Philosophie ihrem Gegenstande nach? Welches ist der eigentliche und letzte Gegenstand der Erkenntnis in der Philosophie? Wir müssen vielmehr *auch* fragen: Wie kommt es, daß der

Mensch diese spezifische Gegenstandsfrage nach dem Wesen des Seins und der Welt stellt? Welches ist der letzte und tiefste Sinn der Philosophie oder des Philosophierens? Wie kommt es zum Philosophieren?

Neben der *Gegenstandsfrage* der Philosophie taucht also sofort die *Sinnfrage* auf nach dem Grund und Zweck des philosophischen Fragens überhaupt, ja schließlich sogar nach dem Sinne des Fragenden überhaupt. Die Gegenstandsfrage betrifft das Wesen der Philosophie mehr von ihrer objektiv-inhaltlichen Seite her, nach der sie sich uns darstellt als ein statischer Sachverhaltszusammenhang von wißbaren und erfaßbaren Wahrheiten. Die Sinnfrage betrifft mehr die subjektive Seite der Philosophie. Sie betrifft die Philosophie als eine vom Menschen ausgehende und auf den Menschen wieder zurückwirkende geistige Lebensbewegung.

b) Man kann die *Gegenstandsfrage* der Philosophie noch konkreter folgendermaßen darstellen. Danach fragt die Philosophie:

*Was* ist das alles im letzten betrachtet? (Die Was-Frage oder die Wesensfrage.)

*Warum* ist das alles, und zwar: woher ist das alles nach Sosein und Dasein, und wozu ist das alles?

In der Gegenstandsfrage ist also die Sinnfrage als Warumfrage schon eingeschlossen. Aber es handelt sich dabei um die *allgemeine Sinnfrage*, in der nach dem Sinn des Seins überhaupt gefragt wird.

Die Frage nach dem Sinn des Fragens und nach dem Sinn des Fragenden ist die *spezifische Sinnfrage* oder gegenüber der allgemeinen Seins-Sinnfrage die spezifische Selbst-Sinnfrage.

Diese besondere Selbstsinnfrage nun, die Ursinnfrage des Fragenden an sich selbst nach dem Sinn seines Fragens und nach dem Sinn seines auf das Fragen angewiesenen Seins: Diese Frage ist die *eigentliche philosophische Urfrage,* und sie hat einen ganz anderen Charakter als die allgemeine Sinnfrage. Diese Frage bricht aus dem fragenden Geist *spontan* hervor, insoweit der Geist noch nicht innerlich abgestorben ist. Sie hat also einen gewissen praktischen Charakter. Sie hat einen gewissen Bezug zu der spezifischen menschlichen Not, die in einem jeden sinnfragenden Geist aufbricht. Wenn auch die Philosophie keine Religion ist, so bricht sie doch in der Selbstsinnfrage als der philosophischen Urfrage aus der *religiösen Tiefe* (aus der gottverhafteten Mitte) des Menschenherzens hervor. Der eigentliche Hintergrund alles philosophischen Fragens offenbart sich in der Selbstsinnfrage als eine soteriologische Not, als eine *Heilsnot.*

5. In der *Existenzphilosophie* ist von jeher dieser Tatsache Rechnung getragen worden. So ist z. B. die ganze Philosophie *Augustins* von der spezifischen Dynamik der Selbstsinnfrage erfüllt. Besonders in den »Confessiones« wird dieser soteriologische Hintergrund der christlichen Existenzphilosophie Augustins sichtbar. Bei Augustin wird buchstäblich wahr, was *Fichte* einmal so charakteristisch über den soteriologischen Hintergrund der Philosophie sagt: »Wir fingen an zu philosophieren aus Übermut, und wir brachten uns dadurch um unsere Unschuld; wir erblickten

unsere Nacktheit, und philosophieren seitdem aus Not für unsere Erlösung«.

Gerade in der Selbstsinnfrage enthüllt sich uns auch das, was *Rosenmöller* als das spontane, vom Unbewußten her in uns aufbrechende »metaphysische Denken« bezeichnet. Nicht jeder Mensch, so sagt Rosenmöller, kann ein Metaphysiker im wissenschaftlichen Sinne werden. Aber im Grunde eines jeden Menschenherzens regt sich unter Umständen das naturhafte »metaphysische Denken«, das, oft gegen unser Wissen und Wollen, Zeugnis ablegt von unserer Bindung an eine personale Macht, die von uns Verantwortung fordert.

6. Das wesentlich *praktische Moment der Weisheit* meldet sich demnach *in der Selbstsinnfrage* als der ursprüngliche Unruheherd der philosophischen Fragebewegung. Wir würden nicht zu der philosophischen Gegenstandsfrage im Sinne der Wasfrage und der allgemeinen Warumfrage übergehen, wenn nicht in besonderer Weise die Selbstsinnfrage uns von innen her aufgezwungen wäre. Allerdings ist die Kontingenz- oder Seinsnot, die in unserem Innern die Lebensbewegung des Geistes ausgelöst, nicht nur eine Willensnot, sondern auch eine Not des nach letzter Klarheit verlangenden Intellektes. Von daher gesehen, ist in der philosophischen Urfrage, nämlich der Selbstsinnfrage, *auch* schon *das theoretische Moment der Wissenschaft* und damit der Gegenstandsfrage mitenthalten. Der Fragende will wissen, was er ist und in welche übergreifende Ordnung er eingeordnet ist, um aus seiner Seinsnot Erlösung finden zu können.

In der philosophischen Selbstsinnfrage sind demnach praktische und theoretische Vernunft noch in einer gewissen Einheit erkennbar.

7. Immer mehr zeigt sich so, daß die Selbstsinnfrage als die Urfrage aller Philosophie zugleich auch dasjenige ist, was den *Menschen als philosophisches Wesen* vom Tier als einem prinzipiell unphilosophischen Wesen unterscheidet. Das *Tier fragt nicht* nach dem Sinn seiner Umwelt und nach dem Sinn des Seins überhaupt, weil es nicht naturhaft (von innen her) wie der Mensch zur Selbstsinnfrage gezwungen ist. Das Tier lebt *wortlos* in einer (für es) wortlosen Welt. Darin liegt seine glückhafte Seinsunmittelbarkeit. Der *Mensch* dagegen ist, sei es zu seinem Glück, sei es zu seinem Verhängnis, das *naturhaft* sinnfragende Wesen. Der Mensch ist demnach naturhaft auf die Philosophie hingeordnet (homo naturaliter philosophus), und die Philosophie ist ihrem Wesen nach eine menschliche Wissenschaft (philosophia essentialiter scientia humana).

## II.

1. Wir müssen nun aber dazu übergehen, *das Moment der Weisheit im Wesen der Philosophie* einmal ganz *speziell* ins Auge zu fassen. Erst dann werden wir auch in der Lage sein zu sehen, daß die Griechen, als sie dieser Ersten Wissenschaft den Namen »Weisheitsliebe« gegeben haben, kaum einen glücklicheren Namen hätten finden können, d. h. kaum einen Namen, der mit einem Wort so glücklich die

praktisch-theoretische Spannungseinheit im Wesen der Philosophie zu umfassen imstande wäre, wie gerade dieser Name »φιλοσοφία«.

2. Natürlich müssen wir zunächst nach dem *Wesen der Weisheit schlechthin* fragen, ehe wir uns mit dem Moment der Weisheit beschäftigen, das in der Spannungseinheit von Wissenschaft und Weisheit im Wesen der Philosophie auftritt.

Weisheit überhaupt ist etwas, was zunächst nicht in die theoretische, sondern eher in die *praktische Lebenssphäre* des Menschen hineingehört. Die Weisheit überhaupt kann man vielleicht am besten als den menschlichen Grundhabitus der *Maßhaltung* in allen Situationen des Lebens kennzeichnen. Vgl. Laotse, Stoiker, Montaigne!

Allerdings ist dieser Grundhabitus der Maßhaltung nur die eine Seite im Wesen der Weisheit. Denn Weisheit als Grundhabitus der Maßhaltung in allen möglichen Situationen des Lebens schließt ein *bestimmtes Wissen* in sich ein, worauf ja auch das Wort Weisheit schon etymologisch hindeutet. Damit ist schon gesagt, daß das Wissen der Weisheit einen ganz besonderen Charakter aufweist. Es ist jedenfalls nicht das Wissen eines Gelehrten, um das es sich dabei handelt. Es scheint sogar, daß das Wissen eines Gelehrten ein Hemmnis ist auf dem Wege zur Weisheit.

3. Vielleicht gehen wir besser vom *Weisen* aus als dem Träger der Weisheit. Wer ist der Weise?

Uns scheint, der Weise ist der Mann der ganz großen Ruhe und der ganz tiefen *Stille* und zwar deshalb, weil in seinem Wissen um die Welt wie auch in seinem Wissen um sich selbst eine ganz außerordentliche Besonnenheit, also Vernunft zum Ausdruck kommt. Man könnte fast sagen: der Weise ist die Vernunft selbst. Man wird natürlich sofort fragen, ob denn nicht auch die inhaltliche Breite und *Fülle* des Wissens beim Wesen des Weisen eine gewisse Bedeutung habe. Darauf ist zu antworten, daß sie jedenfalls nicht ganz ohne Bedeutung sein kann. Denn man verlangt vom Weisen, daß er ein gewisses Maß von Erfahrung durch entsprechenden Umgang mit den Dingen besitzt.

Entscheidend ist jedenfalls die inhaltliche Wissensbreite und Wissensfülle nicht. Sie kann sogar, wie beim bloßen Gelehrten, der Weisheit abträglich sein.

Ganz entscheidend aber ist die *Wissenstiefe* beim Wissen des Weisen und der Weisheit.

Diese Wissenstiefe besteht darin, daß der wahrhaft Weise von einem einzigen Punkte das Weltspiel in seinem Gesamtzusammenhang erfaßt, »uno intuitu« erfaßt, und zwar so tief, daß er allen Wechselfällen des Lebens gleichsam mit einem Wissen durch Antizipation zu begegnen vermag.

Der Weise *überschaut* das Leben in seiner buntwechselnden Mannigfaltigkeit, weil er es von einem Punkte aus mit einem einzigen Blick bis in seine tiefsten Gründe hinein zu durchschauen vermag.

Der Weise *meistert* die Vielheit der Erscheinungen und der Situationen, weil er den genialen Tiefenblick hat für das Wesentliche und das Vernunftnotwendige.

Diese Meisterschaft des Weisen in der Beherrschung des Lebens kann aber noch von einer anderen Seite her betrachtet werden. Der Weise ist nämlich ein Meister im *Hinhorchen* auf die allen Dingen ureigene Melodie und Harmonie. In diesem ganz auf die Wirklichkeit abgestimmten Hinhorchen liegt zugleich auch das ehrfurchtsvolle und fromme *Gehorchen.* Damit aber ist ausgedrückt, daß beim Weisen Wissen und Tun, Tun und Wissen noch eine gewisse innere *Einheit* bilden. Die praktische Vernunft dirigiert beim Weisen ebensosehr die theoretische Vernunft, wie umgekehrt auch wieder die theoretische Vernunft der praktischen Vernunft den Weg beleuchtet. Man kann es auch so ausdrücken: Der Weise hat sich selbst aus der spezifischen Unruhe des Geistes wieder zurückgenommen in die große, souveräne Ruhe der Natur. Er ist als Geist und Subjekt wieder ganz Natur geworden. Man könnte sogar so sagen: Die unglückliche Zerspaltenheit von Subjekt und Objekt ist im Weisen wieder aufgehoben. In ihm feiern Subjekt und Objekt geradezu die Auferstehung ihrer ursprünglichen Einheit.

4. Wenn wir nun diese Ausdeutung des Wesens der Weisheit überhaupt auf die Philosophie anwenden wollen, dann müssen wir uns zunächst wieder darauf besinnen, daß die *Philosophie* in *erster Linie Wissenschaft* ist, allerdings jene Erste Wissenschaft oder jene Königin der Wissenschaften, die als Wissenschaft den Namen »Weisheitsliebe« führt.

Das Wissen der Philosophie ist gewiß nicht mit jenem Wissen auf die gleiche Stufe zu stellen, das wir bei der Betrachtung der allgemeinen Lebensweisheit näher ins Auge gefaßt haben. Denn das Wissen der Philosophie ist ja ein methodisch geleitetes Wissen, das auf einen streng logisch aufgebauten Sachverhaltszusammenhang abzielt. Aber auch als ein solches methodisch geleitetes Wissen muß es *von der Weisheit des Lebens bestimmt* und geformt sein. Die Vermählung von Wissenschaft und Weisheit in der Philosophie zeigt sich nun vor allem darin, daß der Geist dieses Wissens bis ins Innerste hinein umgewandelt ist.

Für den Philosophen genügt es noch keineswegs, daß er als ein im Lichte der Ewigkeit (sub specie aeternitatis) Erkennender die »Welt« und das »Alltagsleben« übersteigt, tief unter sich liegen läßt; er muß auch sich selbst und sein eigenes Wissensstreben noch übersteigen, transzendieren, um mit absoluter Souveränität und Freiheit und vollkommener Gelassenheit zugleich die »Welt« und sich selbst in seinem Sein und Tun objektiv betrachten zu können. Wenn der Philosoph diese von ihm geforderte, wahrhaft transzendentale »Welt«- und Selbstschau zu vollziehen vermag, dann verwandelt er damit ganz von selbst auch sein streng methodisch geformtes Wissen in ein Wissen der Weisheit.

Von Natur aus wohnt nämlich allem menschlichen Wissen etwas inne, was die Grenzen des Menschlichen zu sprengen droht. In allem menschlichen Wissen liegt von Natur so etwas wie die *Gefahr einer möglichen Maßlosigkeit.* Der *Philosoph* nun aber hat die *besondere* Aufgabe, sein auf das Höchste und Letzte gerichtete Wissensstreben gerade vor dieser Gefahr einer möglichen Maßlosigkeit zu sichern, zumal diese Gefahr gerade der Philosophie in besonderer Weise naheliegt.

Die Weisheit der Philosophie besteht in erster Linie in der Maßhaltung der so leicht ins Maßlose strebenden Vernunft.

5. Im *doppelten Sinne* kann die philosophierende Vernunft *ins Maßlose* abzielen. Auf der *einen* Seite ist sie in Gefahr, einem oberflächlichen Vernunft-Optimismus zu verfallen. Auf der *anderen* Seite ist sie ebensosehr in Gefahr, einem verzweifelten Vernunftpessimismus und damit einem radikalen Kritizismus, Skeptizismus, ja Nihilismus zu verfallen.

Aber *sogar* die Maßhaltung kann auf beiden Seiten zu einer neuen Maßlosigkeit führen. Denn es gehört zum Wesen der philosophierenden Vernunft, daß sie unter Umständen sich in eine mit den letzten Möglichkeiten von Ja und Nein rechnende, geradezu abenteuernde Vernunft verwandelt.

# Erkenntnis - Bekenntnis

*Man könne sämtliche Uhren der Welt eher auf die Minute genau einstellen als die Köpfe der Philosophen. Für die damalige Zeit ein schöner Vergleich, der heute hinkt, weil alle Uhren in weltweiter Kommunikation stimmen müssen. Was aber Wust gemeint hatte, gilt noch heute: die Köpfe der Philosophen stimmen nur selten miteinander überein. Nur muß man davon ausgehen, daß die Kriterien der Erkenntnis für alle Menschen gleich sind, also müßte es auch in der Philosophie übereinstimmende Aussagen geben. Da weist Wust darauf hin, daß sich von jeher in den Erkenntnisprozeß eine »Willenschaft« gemischt habe, die ein rein subjektives Moment eingebracht habe, neben der erkennenden Philosophie, sei sie auch immer »bekennend« gewesen. Wust selber war bewußt nicht nur »Professor«, sondern auch »Confessor«, was ihm von der Zunft der Philosophen auf den Kathedern der deutschen Universitäten, die sich alle für rein objektiv hielten, übelgenommen wurde; denn in jener Zeit war das »Bekenntnis« zu einem personalistisch-theistischen Seinsgrund ein Wagnis. Wust ist dieses Wagnis zugleich gegen eine philosophische Strömung eingegangen, die damals »feige« und »frivol«, wie er sagt, als »abenteuerndes Denken« sich hinter »gefahrlosen Rechenoperationen« verschanzte, die noch heute, und in zunehmendem Maße, das Feld zu beherrschen suchen. Wust erweist sich nicht nur als Bekenner, sondern auch als Seher. Seine Sprache ist »appellativ«.*

(Quelle: GW Bd. IV, S. 419–438)

# Aus: »Der Mensch und die Philosophie«, 7. Kapitel

## I.

1. Ganz am Anfang unserer Untersuchungen sind wir ausgegangen von der *Ungesichertheit der Philosophie*, die trotz der für sie prinzipiell möglichen rationalen Gewißheit besteht. Wir haben diese Ungesichertheit der Philosophie damals vergleichend gegenübergestellt der Gesichertheit der Mathematik als Wissenschaft. Die vergleichende Gegenüberstellung der beiden Sachverhalte (»$2 \times 2 = 4$« und »es existiert ein höchstes Wesen«) sollte diese Tatsache ganz konkret veranschaulichen.

2. Im Hinblick auf diesen Wesensunterschied zwischen Mathematik und Philosophie als Wissenschaften haben wir nun eine *doppelte Frage* zu stellen.

Welches ist der *tiefere Grund* für diesen Wesensunterschied zwischen »certitudo mathematica« und »certitudo philosophica«, obwohl sie doch beide dem gemeinsamen Oberbegriff der »certitudo rationalis« oder der Vernunftgewißheit unterstellt sind?

Welches ist der *tiefere Sinn* dieses Wesensunterschiedes? Welchen letzten Lebens- und Daseinszweck mag es haben, wenn der Mensch in der Philosophie, auch bei allem noch so tiefen Scharfsinn, niemals zu jener gesicherten Vernunftgewißheit kommt, wie sie in der Mathematik angetroffen wird?

3. In gewissen Umrissen hat sich nun in den bisherigen Untersuchungen die *Antwort* auf diese Fragen schon abgezeichnet. Denn der innere Zusammenhang zwischen dem Menschen und der Philosophie, den wir bisher stets im Auge behalten haben, dürfte letzten Endes für die Beantwortung dieser beiden Fragen entscheidend sein.

In dem Zusammenhang zwischen dem Menschen und der Philosophie hat aber der *Mensch* eine zweifache Bedeutung: er ist sowohl *Ausgangspunkt wie Zielpunkt der Philosophie*. Im Hinblick auf diese Unterscheidung von Ausgangspunkt und Zielpunkt der Philosophie wird die vorläufig sich abzeichnende Antwort auf unsere beiden Fragen etwa folgende Gestalt annehmen: Als *Ausgangspunkt* der Philosophie ist der Mensch in seiner wesensmäßigen Ungesichertheit der tiefere Grund für die Ungesichertheit der Philosophie als Wissenschaft. Im Menschen als dem *Zielpunkt* der Philosophie liegt insofern der tiefere Sinn der Philosophie als menschenbildnerischer Lebensmacht, als die Erhaltung der wissenschaftlichen Ungesichertheit der Philosophie der Erhaltung des spezifisch-menschlichen Zustandes der Seinsungesichertheit dienen soll.

4. Wir wollen jetzt zunächst in die Frage nach dem *letzten Grund jener Ungesichertheit* eintreten, durch die sich die Philosophie als Wissenschaft von der exakten Wissenschaft der Mathematik unterscheidet.

Diese Frage ist in den *bisherigen* Untersuchungen eigentlich schon dauernd berührt worden, wenn sie auch noch

nicht »ex officio« gestellt worden ist. Besonders nahe sind wir dieser Frage dort gekommen, wo es sich darum handelte, den inneren Zusammenhang zwischen den beiden Geistesakten der »reflexio« und der »devotio« aufzuzeigen. Wir sahen bereits, wie im *Reflexionsakt,* obwohl er in erster Linie das Klarheitserlebnis des zur objektiven Einsicht gelangenden Subjekts ist, sich ein eigenartiges Gesinnungsmoment des stellungnehmenden Subjekts meldet, das je nach seiner Art mitentscheidend ist für den Klarheitsgrad des Einsichtserlebnisses. Denn, so wurde schon früher betont, das Subjekt ist im Erkenntnisakt kein willenloses Werkzeug, kein passiver Spiegel, sondern es ist ganzheitliche Personeinheit. Demnach ist im Erkenntnisakt die integrale Personeinheit als Intellekt-Willenseinheit engagiert.
Was wir nun aber in den *früheren* Untersuchungen mit dem *Begriff des »devotio«-Aktes* nur andeuten wollten, das wollen wir *jetzt* mit einem umfassenderen Begriff bezeichnen. Wir wählen dafür den *Begriff Willenschaft,* den wir dem Begriff Wissenschaft gegenüberstellen, und sprechen demnach von dem Zusammenhang zwischen Wissenschaft und Willenschaft im philosophierenden Denken.

5. Der *Zusammenhang von Wissenschaft und Willenschaft* spielt in jedem Erkenntnisakt eine Rolle. Er erhält jedoch in der Philosophie eine ganz einzigartige Bedeutung.

Natürlich muß der Begriff »Willenschaft« in diesem Zusammenhang einen schlimmen *Verdacht* erwecken, den Verdacht nämlich, als solle die Philosophie nunmehr prinzipiell eine irrationale Basis erhalten (eine Willensbasis statt einer Vernunftbasis). »Stat pro ratione voluntas«, heißt die alte Formel.

Gegen diesen Verdacht können wir uns vorläufig nur dadurch schützen, daß wir *noch einmal daran erinnern,* daß philosophische und mathematische Gewißheit als zwei verschiedene Formen der streng verbindlichen Vernunftgewißheit einander koordiniert sind, und daß sie sich nur durch die beiden Attribute der Ungesichertheit und der Gesichertheit voneinander unterscheiden.

Wir sprechen demgemäß von einer gesicherten Vernunftgewißheit der Mathematik und von einer ungesicherten Vernunftgewißheit der Metaphysik. Certitudo rationalis ut certitudo mathematica sine insecuritate humana und certitudo rationalis ut certitudo philosophica cum insecuritate humana. Wir unterscheiden demnach Gewißheit bzw. Ungewißheit von Gesichertheit bzw. Ungesichertheit.

6. Daß nun in der Philosophie dasjenige, was wir hier den Zusammenhang von Wissenschaft und Willenschaft nennen, tatsächlich eine wesentliche Rolle spielt, ist *keineswegs etwas Neues.* Dieser Zusammenhang ist bei der viel umstrittenen Frage nach der Voraussetzungslosigkeit der Philosophie sehr oft zur Sprache gekommen.

So machen Max *Weber* und Karl *Jaspers* den Unterschied zwischen einer strengwissenschaftlichen und einer prophetischen Philosophie. *Andere* sprechen von einer Philosophie als Erkenntnis und von einer Philosophie als Bekenntnis und wieder *andere* von einer Philosophie als Wissenschaft und von einer Philosophie als Weltanschauung. *Kant:* Schulphilosophie und Weltphilosophie. Eduard *Spranger* spricht von dem Zusammenhang von Besinnung und Gesinnung.

7. Alle Unterscheidungen dieser Art laufen schließlich auf das gleiche hinaus, was wir als den Zusammenhang von Wissenschaft und Willenschaft bezeichnet haben. Dabei bleibt freilich noch zu ermitteln, *wieweit* dieser Zusammenhang für die Reinheit der philosophischen Erkenntnis *hindernd* und *wieweit* er *förderlich* ist.

*Meistens* hat man freilich nur auf den *störenden Charakter* dieses Zusammenhangs die Aufmerksamkeit gerichtet. So hat man längst erkannt, daß gerade in diesem Zusammenspiel von Wissenschaft und Willenschaft, von Besinnung und Gesinnung, der letzte Grund für die dauernde Uneinigkeit der Philosophen auf ihrem Arbeitsgebiet zu suchen sei; für den ewigen Streit und »ewigen Krieg«.

Und es ist schon begreiflich, wenn man es als einen unverzeihlichen *Skandal* der Philosophie empfindet, daß man viel eher sämtliche Uhren der Welt auf die Minute genau einstellen kann als die Köpfe der Philosophen.

8. Um nun ein für allemal diese nicht zu leugnende Notlage der Philosophie bannen zu können, glaubte man dazu übergehen zu müssen, diesen *Zusammenhang* von Wissenschaft und Willenschaft in der Philosophie *aufzulösen,* um auf diese Weise das störende Moment der Willenschaft aus ihr ausscheiden zu können. So entstand der Gedanke, man solle in Zukunft eine klare Unterscheidung einführen zwischen einer *Philosophie als Erkenntnis und* einer *Philosophie als Bekenntnis.*

a) Im Hinblick auf diesen Gedanken bildeten sich dann aber wieder *zwei verschiedene Meinungen:* eine extremistische und eine gemäßigte Meinung.

Die *erstere* wollte nicht nur einen scharfen Trennungsstrich ziehen zwischen der Philosophie als Erkenntnis und der Philosophie als Bekenntnis, sondern sie erlaubte sich auch eine weitgehende Diffamierung der Philosophie als Bekenntnis. Sie entwarf ein falsches Bild von dieser Philosophie oder sie hielt sich an den Irrationalismus. Sie nahm einzig und allein für ihre eigene Philosophie als bloße Erkenntnis das Recht in Anspruch, den altehrwürdigen Namen der Philosophie zu führen.

Die *andere* Richtung gab wenigstens zu verstehen, daß sie die Einseitigkeit und Maßlosigkeit der ersten Richtung nicht mitmachen könne. Sie machte den *Vorschlag*, daß sich beide Formen der Philosophie, Erkenntnisphilosophie und Bekenntnisphilosophie, als gleichberechtigt nebeneinander gelten lassen sollten. Allerdings glaubte sie, der Bekenntnisphilosophie die *Mahnung* aussprechen zu müssen, sie sollte nicht auf Grund der alten Tradition für sich allein den altehrwürdigen Namen der Philosophie in Anspruch nehmen.

b) Die Theorie der *ersteren* Richtung, die das sogenannte Bekenntnismoment oder auch Gesinnungsmoment ganz aus der Philosophie ausscheiden wollte (wie z. B. der gesamte Positivismus und Historizismus), dürfte bereits durch alles bisher Ausgeführte als erledigt betrachtet werden können. Denn soviel hat sich immerhin bis jetzt schon deutlich ergeben, daß sich das *Wesen der Philosophie keineswegs in der wissenschaftlichen Funktion erschöpft*, sondern daß neben dieser wissenschaftlichen Funktion *auch die* sogenannte *existentielle Funktion* eine *ganz ernstliche Bedeu-*

*tung* hat. Ja, es ist *sogar*, wie wir gesehen haben, die *Frage*, ob nicht erst im Zusammenhang mit der existentiellen Funktion auch die wissenschaftliche Funktion in der Philosophie erst jene besondere Bedeutung gewinnt, die ihr als der wissenschaftlichen Funktion der »Ersten Wissenschaft«, der »prima scientia«, zukommt.

Etwas anders steht es nun mit der Meinung der *zweiten* Richtung, die genau so wie die erste Richtung für eine säuberliche Trennung zwischen Erkenntnisphilosophie und Bekenntnisphilosophie eintritt, die aber der Bekenntnisphilosophie nicht von vornherein das Daseinsrecht abspricht, bzw. sie verächtlich macht.

*Anzuerkennen* ist jedenfalls zunächst die Maßhaltung dieser zweiten Richtung, wenigstens, insoweit diese Maßhaltung echt gemeint ist. Denn sie könnte ja auch vorgetäuscht sein.

Vielleicht ist diese Maßhaltung und Zurückhaltung darauf zurückzuführen, daß die klassische Metaphysik der Antike wie des Mittelalters und zum Teil sogar der Neuzeit offenbar als Bekenntnisphilosophie angesprochen werden muß. Man kann natürlich nicht gut alle großen Metaphysiker der Vorzeit einfach aus der Ruhmeshalle der Philosophie hinausweisen mit der Begründung, nur die Philosophie als Erkenntnis (d. h. nur die positivistische Philosophie) könne auf den Namen der Philosophie Anspruch erheben.

*Anerkennenswert* ist natürlich *auch* das Motiv für die strenge Trennung einer Philosophie als Erkenntnis und einer Philosophie als Bekenntnis. Dieses Motiv lag offenbar darin, daß man den ewigen Krieg der Geister im Felde der Philosophie schließlich als eine peinliche Angelegenheit empfand, die endlich einmal aus der Welt geschafft werden müßte.

9. In der Tat macht sich denn auch das *Moment der Willenschaft zunächst* nur als *ein störendes Moment in der Ideenbildung der Philosophie* bemerkbar.

a) In ihm liegt zunächst einmal jenes *subjektiv-emotionale Apriori,* das in der Besonderheit und Einmaligkeit der philosophierenden Individualität gegeben ist, also etwa die Platonicitas, die Schopenhauerität usw. Eingerechnet ist dabei in diese Besonderheit der philosophierenden Individualität alles das, was auf die Besonderheit der raumzeitlichen Schicksale zurückzuführen ist, auf die *spezifische Problemsituation* des historischen Augenblicks.

Francis *Bacon* hat sehr plastisch diese Vorurteilsquelle der Individualität als die »idola specus« bezeichnet: das Individuum liegt gefangen in der Höhle seiner Subjektivität.

b) Die *Geschichte der Philosophie* belehrt uns ausgiebig darüber, wie dieses subjektiv-emotionale Apriori der in sich selbst gefangenen Individualität das Reich des philosophischen Geisteslebens aufspaltet in eine unübersehbare Vielheit von Weltanschauungen, die im Grunde nur Ausdruck ebenso mannigfaltiger Vorlieben der einzelnen Denkerpersönlichkeiten oder der einzelnen Denkepochen sind.

Von der Vielheit solcher Willenschaften her macht natürlich die Philosophie in ihrem geschichtlichen Gesamtaspekt zunächst nur den Eindruck eines vollendeten *Chaos.* (Dilthey spricht nicht mit Unrecht einmal von der

»Anarchie der Werte«.) Nirgends scheint eine Möglichkeit sichtbar zu werden, in diesem bunten Wechselspiel durcheinander und gegeneinander wirbelnder Meinungen ein einheitliches Ordnungsprinzip zu entdecken.

c) *Manche* machen freilich den Versuch, hinter diesem kaleidoskopartigen Spiel der Meinungen und Gegenmeinungen das immer und überall gleiche Leben als ordnende Macht am Werke zu sehen. (So etwa Dilthey.) Wieder *andere* wollen in diesem rätselhaften Schauspiel nur die immer neue Selbstoffenbarung des Menschen sehen, in seiner immer wechselnden und nirgends faßbaren Proteusnatur.

d) Gewiß ist in derartigen Deutungsversuchen der Philosophiegeschichte immer ein *gewisser Wahrheitskern* enthalten. Aufs Ganze hin betrachtet, bedeuten sie jedoch nur ein müdes und feiges Verzagen gegenüber der scheinbaren Allmacht des rein subjektiven Momentes der Willenschaft in der Philosophie.

So enthalten diese relativistischen Deutungen der Philosophiegeschichte *letzten Endes* einen *völligen Verzicht* auf das Wesen der Philosophie als Wissenschaft. Denn die Philosophie ist nur jeweiliger Ausdruck eines bestimmten Lebenswillens.

e) Von einem solchen Wahrheitsrelativismus her kann man dann allerdings sehr gut verstehen, wenn schließlich die *Idee einer Philosophie* sich Bahn zu brechen versucht, *die nur noch dem reinen Logos der Wissenschaft dienen will* und dieses Ziel nur dadurch erreichen zu können glaubt, daß sie prinzipiell dem Moment der Willenschaft in der

Philosophie den Kampf ansagt, indem sie alles, was nach der Seite des Bekenntnisses geht, auszuschalten versucht.

10. Aber sofort erhebt sich dann auch die Frage, *was* denn *dieses Bekenntnismäßige* eigentlich sei, das in der Philosophie soviel Verwirrung anrichten soll.

a) Vielleicht verweist man bei dieser Frage auf das bekannte Wort *Hegels* aus der »Phänomenologie des Geistes«: »Die Philosophie aber muß sich hüten, erbaulich sein zu wollen«. Oder vielleicht auch auf *Kants* Aufsatz: »Von einem neuerdings erhobenen vornehmen Ton in der Philosophie« (1796). Das Bekenntnismäßige in der Philosophie soll demnach ein gewisser Ton der moralisierenden »Erbaulichkeit« sein.

b) *Solange* man nun unter einer solchen *störenden »Erbaulichkeit«* nichts anderes versteht als eine gewisse paränetische Tonart, mit der der Philosoph sich mehr an das Gefühl oder an das gute Herz wendet, das er umzuwandeln hofft, als an das Denkvermögen des Verstandes, ist gegen das alles nichts zu sagen.

Denn im Grunde ist es in der Philosophie mit der strengen Sachlichkeit so ähnlich bestellt wie mit der tendenzlosen Reinheit der Kunst. Eine Kunst, die sich des Mittels der unmittelbaren Paränese (der direkten Ermahnung) bedienen zu müssen glaubt, ganz gleich in welcher Form das geschieht, wird tendenziös moralistisch und büßt dabei die Reinheit ihrer künstlerischen Objektivität ein. Genau so aber verliert auch die Philosophie, wenn sie sich auf die Bahn einer falschen Erbaulichkeit verlocken läßt, etwas von der Reinheit ihres Wesens, das nur so lange gewahrt bleibt, wie sie das Objektive der Sachverhalte ganz für sich selbst sprechen läßt.

*Aber* die Vertreter einer Philosophie als bloßer Erkenntnis zielen mit ihrer Anklage gegen das Bekenntnismäßige oder gegen das sogenannte »Erbauliche«, mehr oder minder versteckt, noch auf etwas anderes, das ihnen als ein Störungselement des rein Erkenntnismäßigen erscheint.

c) Wir haben mehrfach schon darauf hingewiesen, daß das *wissenschaftliche metaphysische Denken* (als methodische Spekulation) seinen *Urantrieb* hat im *naturhaften metaphysischen Denken.*

Dieses naturhafte metaphysische Denken kommt darin zum *Ausdruck,* daß der Mensch sich innerlich gedrängt fühlt, die Ursinnfrage nach dem Sein zu stellen, und zwar nach dem Sein, das er selbst ist, wie nach dem Sein, in das er selbst eingeordnet ist.

Diese Ursinnfrage ist insofern *zwingend* für den Menschen, als er nicht leben kann in einer absolut sinnlosen Welt, in der dann auch sein eigenes Sein und Tun absolut sinnlos wäre. Es wehrt sich etwas im Menschen gegen diese ihn in seiner geistigen Existenz mit Vernichtung bedrohende Möglichkeit. Der Mensch muß nach dem letzten Sinn des Seins suchen (seiner selbst und des objektiven Seins). Er kann das Suchen nicht lassen, und gerade in der Seinsverzweiflung äußert sich dieses Suchenmüssen am ergreifendsten, am erschütterndsten.

*In diesem naturhaften »metaphysischen Denken«* ist aber immer auch schon *ein naturhaft-metaphysisches Bekenntnis* mit *eingeschlossen.* Die noch unverbildete menschliche Natur bejaht unbewußt und ungewollt den letzten Sinn des Seins, die letzte Sinnhaftigkeit des Seins. Descartes' Gespenst eines »genius malignus« entsteht aus einem Mißtrauen, das etwas Teuflisches enthält. *Oder besser* so: »Es« sagt im Menschen »etwas« bereits Ja zum letzten Sinn des Seins, ehe noch der Geist sich reflexiv diese Frage bewußt macht.

*Allerdings* kann dieses naturhaft-metaphysische Bekenntnis zum letzten Sinn des Seins von einer anti-metaphysischen, nihilistischen, sinnverneinenden Haltung gehemmt oder völlig unterdrückt werden. *Das heißt* aber: dem naturhaften Bekenntnis im Sinne der Ursinnbejahung kann ein sinnverneinendes Bekenntnis entgegengesetzt werden. Damit aber wird der Mensch in einen Zwiespalt mit sich selbst hineingerissen, und von diesem Zwiespalt her wird sein ganzes Wesen mit tiefster Unruhe und Unseligkeit erfüllt (vgl. die Unruhe des Nihilismus bei Nietzsche).

11. *Hier* aber ist der Punkt, wo auch die Philosophie als bloße Erkenntnis durch ihre Tarnung hindurch einen tiefen Einblick in ihr *wahres Wesen* gestattet.

Gegen ihren Willen und ohne ihr Wissen muß sie Zeugnis dafür ablegen, daß es *eine absolut bekenntnisreine Philosophie überhaupt nicht gibt.* Indem sie eine indifferente Neutralität gegenüber dem naturhaft metaphysischen Denken erzwingen will, offenbart sie ihr innerstes Wollen.

Hier ist weiterhin der Punkt, an dem sichtbar wird, wie im tiefsten Wesensgrund der objektiven Erkenntnis oder der reinen Wissenschaft das Moment der *Willenschaft* neben seiner negativen, also störenden Bedeutung auch eine *außerordentlich positive Bedeutung* gewinnt.

Das soll freilich *nicht* besagen, als solle der Wille als die letzte Grundlage der Wahrheitserkenntnis dienen. Ohne Zweifel ist der Einsichtsakt ein Klarheitserlebnis des einsehenden Intellekts. Aber das Intellektauge kann nicht in Klarheit sehen, wenn der Geist als ganzer nicht bereit ist, klar zu sehen. Die rechte *Wahrheitsgesinnung* spielt bei aller Erkenntnis und ganz besonders bei der philosophischen Erkenntnis eine *mitentscheidende Rolle.* In diesem Sinne hat auch Eduard *Spranger* auf den unlösbaren Zusammenhang von Besinnung und Gesinnung hingewiesen.

## II.

1. Wenn wir nun von hier aus noch einmal zurückschauen auf das früher entrollte Bild von dem scheinbar *chaotischen Gestaltwandel der philosophischen Systeme* in der Geschichte des philosophischen Gedankens, dann brauchen wir *keineswegs* jenem *erkenntnismüden Relativismus* Raum zu geben, der an der wissenschaftlichen Mission der Philosophie völlig verzweifelt, weil hier alles nur ein heraklitischer Fluß zu sein scheint, ohne Halt und ohne Sinn.

Zwar ist es richtig, daß in diesem Gestaltwandel der Systeme uns vorerst jenes Moment der Willenschaft sichtbar wird, das trennend und verwirrend wirkt, das uns »des Lebenslabyrinthes irren Lauf« vor Augen führt. Aber damit ist der Verrat am einen Logos noch keineswegs unausweichlich gefordert. Auch in diesem scheinbaren Chaos der Meinungen und Gegenmeinungen bleibt ja doch noch eine allerletzte *Verständigungsmöglichkeit* bestehen.

Diese Verständigungsmöglichkeit ist darin zu sehen, daß selbst die Vertreter der am meisten einander entgegengesetzten Weltanschauungen noch *in der* für alle verbindlichen *Sprache des Begriffes miteinander reden können, solange sie guten Willens sind,* d. h. solange sie nicht sich selbst im Auge haben, sondern das Objektive, die Wahrheit. Sie mögen bei dieser Aussprache auch noch so viel aneinander vorbeireden, das Wunderbare liegt darin, daß sie immer noch miteinander sprechen können, solange sie die reine Wahrheitsgesinnung bewahren wollen.

2. Indem aber so die Philosophie als reine Erkenntnis auf die Forderung der reinen Wahrheitsgesinnung hinführt, stehen wir auch vor dem Problem der *Willenschaft im positiven Verstande,* d. h. der Willenschaft, die die sich verständigen wollenden Subjekte nicht trennt, sondern auf der gleichen Verstehensbasis miteinander verbindet.

*Reine Wissenschaft* und *reine Willenschaft* stehen demnach in einem ganz engen Zusammenhang. Sie sind *korrespondierende Momente einer Einheit.*

3. Auch Eduard *Spranger* hat diesen Zusammenhang im Auge, wenn er sagt: »Denn der letzte Sinn der Erkenntnistheorie ist allerdings der Schritt aus dem Reich des ausgeführten Wissens in die erzeugende Tiefe des Gewissens, und zwar hier des intellektuellen Gewissens, aus dem die Gestalt der Wahrheit immer neu geboren werden muß, wie in anderer Hinsicht die Gestalt der Gerechtigkeit aus dieser Grundschicht immer neu geboren werden muß«.

Das Wort Sprangers von der *»erzeugenden Tiefe des Gewissens«* könnte freilich mißverstanden werden im Sinne eines Kantianismus, der den Erkenntnisgegenstand vom Subjekt erzeugt werden läßt. Daß aber Spranger das Wort nicht so verstanden wissen will, das beweist die Tatsache, daß er sich an der betreffenden Stelle ausdrücklich auf Platon beruft, insbesondere auf die platonische Lehre von der »Katharsis der Seele« im Zusammenhang mit dem »Reinheitsproblem der Erkenntnis«. Besonders illustrierend ist Sprangers Satz: »Es handelt sich um nicht weniger als um die ewige Geburt der Wissenschaft aus dem Geiste der sittlichen Religiosität«.

4. So führt uns aber das Problem der Willenschaft in der Philosophie nach seiner positiven Bedeutung wieder auf jene Problematik, die wir bereits bei der Frage nach dem Wesen der philosophischen *»Metanoia«* kennengelernt haben.

In der Philosophie als wirklich »reiner« Erkenntnis ist allemal das metaphysische Bekenntnis des erkennenden Subjekts zu sich selbst als einer an die lebendige Wahrheit gebundenen Subjektivität mitenthalten. Mit anderen Worten: das wirklich ernst genommene Ideal der Wahrheit und der an der Wahrheit orientierten reinen Erkenntnis zwingt das Subjekt allererst zur existentiellen Einkehr in sich selbst, zur reinen Menschwerdung. An diesem Punkte wird auch sichtbar, daß der im Akt der Erkenntnis geforderte äußerste Selbsteinsatz im Grunde identisch ist mit der äußersten Selbsthingabe, wenn beides nur recht verstanden wird.

5. Aber auf ein Weiteres ist nun noch im Hinblick auf den Zusammenhang von Wissenschaft und Willenschaft hinzuweisen. Nämlich: Die von diesem Zusammenhang her verständlich werdende *Aufgabe des äußersten Selbsteinsatzes* des erkennenden Subjekts hat *nicht bei allen Erkenntnismaterien das gleiche Gewicht. Nur bei ganz bestimmten Erkenntnismaterien* schließt diese Aufgabe des äußersten Selbsteinsatzes ein gewisses Risiko für das erkennende Subjekt ein, und durch dieses Risiko wird dann bei diesen Erkenntnismaterien die Urteilszustimmung mit einem eigenartigen *Wagnischarakter* verbunden.

Je näher eine Erkenntnismaterie das metaphysische Selbstinteresse des erkennenden Subjekts berührt, um so mehr steigert sich das Risiko der Erkenntnis und damit auch der Wagnischarakter der Urteilszustimmung.

6. Wenn man nun fragt, *was* denn eigentlich bei diesen spezifischen Erkenntnismaterien riskiert oder *aufs Spiel gesetzt wird*, dann darf man wohl sagen: Es ist das Niedere, das Welthafte, das Gemeine, Egoistische, was aufs Spiel gesetzt werden muß, wenn der Geist sich entscheiden soll für die Urteilszustimmung zu diesen spezifischen Erkenntnissachverhalten (wie z. B. Ursinn des Seins, Existenz eines höchsten Wesens, Fortleben nach dem Tode in Seligkeit oder Unseligkeit). Diese Erkenntnismaterien binden den Menschen in einer Weise an ein Höheres, daß er bei ihrer Bejahung alles das daransetzen muß, was ihn zum Gemeinen der sogenannten »Welt« hinabdrängt oder hinablockt.

Jede letzte idealistische Grundgesinnung des Menschen schließt immer sogar in etwa die Blamage vor der Welt des Niederen und Gemeinen in sich ein und zugleich das heroische Wagnis, diese Blamage vor der »Welt« mit in Kauf zu nehmen.

*Hier* also stoßen wir erst auf das *eigentlich Metaphysische im Zusammenhang von Erkenntnis und Bekenntnis* gegenüber diesen besonderen Erkenntnismaterien.

7. *Wer* bei diesen spezifischen Erkenntnismaterien *das Bekenntnismäßige umgehen zu können glaubt,* der hat im Grunde die Absicht, dieser Art von Erkenntnis den ganz eigenartigen Risiko- und Wagnischarakter zu nehmen, der nun einmal mit zu ihrem Wesen gehört.

a) Erst von dieser Tatsache her wird es nun auch verständlich, *warum* gerade die Vertreter jener Richtung, die eine Erkenntnis ohne Bekenntnis als das höchste Ideal fordern, im allgemeinen auch darauf hinarbeiten möchten, das philosophische Denken in eine Art Rechenkunst zu verwandeln, d. h. die *metaphysische Gewißheit in eine mathematische Gewißheit umzuwandeln.*

Unbewußt verfolgen sie nämlich dabei das Ziel, das metaphysische Erkennen seines Risiko- und Wagnischarakters zu entkleiden. In Wirklichkeit bedeutet das aber, Erkenntnismaterien, die wesenhaft auf einer höheren Wertebene liegen, gewaltsam auf eine tiefer gelegene Wertebene herabziehen zu wollen.

b) Dieser Versuch kann jedoch *niemals gelingen.* Der geheime Wunsch, z. B. den philosophischen Sachverhalt, der die Existenz oder Nicht-Existenz eines höchsten sittlichen Wesens betrifft, auf das tiefer gelegene Wertniveau eines mathematischen Sachverhalts herabzuziehen, mag menschlich zwar begreiflich erscheinen. Er ist aber *nicht bloß* ein sinnloser, weil vergeblicher Wunsch, *sondern* er ist *sogar* der unbewußte Ausdruck eines niederen und also gemeinen Sekuritätsegoismus. Man möchte endlich einmal wissen, daß es eine andere Welt nicht gibt, um gegen alle metaphysische Beunruhigung gesichert zu sein.

Der Sachverhalt, der die Existenz oder Nicht-Existenz eines höchsten sittlichen Wesens betrifft, geht das metaphysische Selbstinteresse des Menschen so unmittelbar an, daß bei diesem Sachverhalt *keine logische Beweiskette ausreicht, um jene Gewißheit zu erzielen, die den Risiko- und Wagnischarakter einer solchen Erkenntnismaterie ausschließen würde.*

8. *Prinzipiell* ist für den Menschengeist *in der Gottesfrage* zwar eine *absolut gültige Vernunfteinsicht erreichbar.*

a) Aber diese Vernunfteinsicht bringt *keine endgültige Gesichertheit* mit sich gegen eventuell immer wieder neu einbrechende skeptische Anwandlungen.

Die versucherische Stimme, die uns etwas zuflüstert von der erschreckenden Möglichkeit eines Nein in dieser Frage (»Nein, es gibt kein solches höchstes Wesen«), kann niemals in uns ganz zum Schweigen gebracht werden, weil sie zum Wesen unseres Selbst mit unserer nihilistischen Möglichkeit gehört, zu unserem Wesen als der dunkle Abgrund unseres Selbst, in den wir jeden Augenblick abstürzen können. Der Zusammenhang von Wissenschaft und Willenschaft ist also gerade bei diesen besonderen metaphysischen Erkenntnismaterien unverkennbar.

b) Insbesondere bleibt *bei den Gottesbeweisen* trotz ihrer prinzipiellen Vernunftgewißheit immer noch ein gewisser, wenn auch noch so minimaler Spielraum übrig, in dem das *Erkenntniswagnis sich* mitentfalten kann.

Das soll jedoch *nicht* besagen, daß in diesem Falle das Moment der Willenschaft die Rolle eines alogischen Gliedes in der logischen Beweiskette zu übernehmen hätte. Es handelt sich *vielmehr* nur um jene unbewußte Grundgesinnung des wahrheitssuchenden Subjekts, die dem Klarheitsakt der Einsicht entweder förderlich oder hinderlich ist. Diese Grundgesinnung ist im positiven Verstande als vorbereitendes Hilfsmittel für die Ermöglichung des Klarheitsaktes zu betrachten, keineswegs aber als ein irrationaler Einbruch des Willens in die logische Sphäre.

9. Von hier aus werden wir nun aber noch einmal auf das *Wesen des abenteuernden Denkens* zurückverwiesen. Das Denkabenteuer dieser abenteuernden Vernunft gewinnt nun auf einmal ein neues Aussehen.

Insoweit nämlich diese abenteuernde Vernunft die äußerste Anstrengung machen will, um das philosophische Denken gerade in den Fragen der metaphysischen Erkenntnismaterien in eine gefahrlose Rechenoperation umzuwandeln, verwandelt es sich aus einem abenteuernden Denken in ein Denken, das *feige* dem metaphysischen Denkwagnis aus dem Wege gehen möchte.

In dem verzweifelten Experiment dieses kalkulatorischen Denkens verbindet sich dann aber noch mit dem feigen Sekuritätsegoismus die *Frivolität* des unbeherrschten Geistes, der sich am letzten Geheimnis des Daseins geradezu vermessentlich vergreift. Durch das rechnende Denken soll nämlich der für den Menschen so tief im Hintergrunde der

Welt »verborgene Gott« (Deus absconditus) zur Begegnung mit dem Menschen gleichsam gezwungen werden.
*In dieser Verwegenheit* des endlichen Geistes liegt eigentlich der *letzte Sinn aller Versuche,* die darauf abzielen, die Metaphysik als Wissenschaft auf die gleiche Gesichertheitsgrundlage zu stellen, wie sie die Mathematik besitzt oder wenigstens für den philosophisch naiven Mathematiker zu besitzen scheint.
10. Von dieser Sicht her erschließt sich uns nun aber die *tiefgründige Sinnhaftigkeit,* die *in dem Zusammenhang von Wissenschaft und Willenschaft* liegt.
Der letzte Grund für die Ungesichertheit der Philosophie als Wissenschaft liegt offenbar in der Ungesichertheit der menschlichen Natur selbst. Die *Ungesichertheit der Philosophie ist also eine Folge der engen Verbindung zwischen der Philosophie und dem seinem Wesen nach ungesicherten Menschen.*

## Die Philosophie in der Entscheidung

*Kurz vor Weihnachten, im deutschen Schicksalsjahr 1933, hielt Peter Wust in Freiburg einen Vortrag über »Der Mensch und die Philosophie«. Vielleicht hatte die zahlreiche Zuhörerschaft einen flammenden Protest gegen den zur totalen Herrschaft gekommenen Ungeist der Philosophie von »Blut und Boden« erwartet? Nicht mit einem Wort spielte Wust auf die »Situation« an, die zur Entscheidung herausforderte. Durch das lückenlose Ignorieren jener anderen Kräfte erwirkte er, daß alle Zuhörer sich in dem bestärkt sahen, was sie eigentlich wortwörtlich erwartet hatten. Wust blieb immer in dieser Hinsicht in einer Indirektheit, die ihn kaum gefährden konnte. Er mied jeden Hinweis auf das, was er in seinem Geiste und Herzen mit sich trug. Anders als Archimedes in Syrakus wollte auch er seine Zirkel und Kreise nicht gefährdet sehen, aber er ließ die brutale Macht erst gar nicht auf den Gedanken kommen, sich für ihn zu interessieren. Es war allen klar, daß er auf der anderen Seite stand. Vielleicht hätte er auf die direkte Frage, was er denn gegen das NS-Regime getan hätte, nur antworten können, er habe inständig gegen dieses Unwesen gebetet! Man muß wissen, was das bei Peter Wust bedeutete: Er verstand zu beten. – Wie damals 1933 schließt auch 1939 sein »Abschiedsbrief« mit dieser großen Kapitulation: Nicht die Reflexion kann uns retten, sondern nur das Gebet. Oro ergo sum – Oro ut intelligam. – Im Gebet gipfelt meine Existenz und meine philosophische Erkenntnis.* (Quelle: GW Bd. VI, S. 221–253)

## Vortrag in Freiburg 1933

### I.

Was die Philosophie sei, welchen Sinn und Zweck sie habe, inwiefern sie Wissenschaft sei oder auch mehr als Wissenschaft, das ist eine alte Streitfrage, die immer wieder neu gestellt wird, um dann eben so oft auch wieder als unlösbar beiseitegeschoben zu werden. Namentlich aber die Neuzeit sah sich häufiger vor diese Frage gestellt als die Antike und das Mittelalter. Man kann sehr leicht verstehen, warum es so kommen mußte. In der Antike wie auch im Mittelalter hatte die Philosophie noch ihre eigentliche metaphysische Substanz. Das wurde anders, als man in der Philosophie der Neuzeit die Frage nach der Möglichkeit der Erkenntnis vor die metaphysischen Seinsfragen stellte. In der Antike und im Mittelalter philosophierte man eben noch schlechthin. In der Neuzeit aber begann man nach dem Einbruch der Skepsis in die Substanz der Philosophie, über das Philosophieren selbst zu philosophieren.

An und für sich freilich braucht eine solche veränderte Themastellung die Philosophie immer noch nicht zur Unfruchtbarkeit zu verurteilen. Denn die Frage nach der Möglichkeit der Philosophie hat nicht bloß eine erkenntnis-theoretische, sondern auch eine metaphysisch-anthropologische Seite. Die Frage etwa, warum gerade der

Mensch philosophiert und nicht das Tier, kann zu den gleichen tiefsinnigen Spekulationen führen wie etwa die parallele Fragestellung, warum gerade der Mensch betet und nicht das Tier. Dazu gesellt sich dann sofort die weitere Frage, warum das menschliche Philosophieren gerade diese eigenartige Form der Entwicklung durch die Jahrhunderte annimmt, die sie so auffällig von der doch in etwa gradlinigen Entwicklungslinie einer jeden Einzelwissenschaft, insbesondere der Mathematik, unterscheidet. Gerade diese unaufhebbaren Schwankungen des Menschlichen, die allemal die Entwicklung der Philosophie durch die Jahrhunderte hindurch begleitet haben, konnten am ersten die Aufmerksamkeit darauf lenken, daß auch ein Philosophieren über die Philosophie noch ein durchaus metaphysisches Phänomen betreffe.

Aber eben hier war der Punkt, wo die im Beginn der Neuzeit einsetzende Skepsis gegenüber der Metaphysik auch die neue Themastellung über die Philosophie der Philosophie um das eigentliche Metaphysische in ihr verkürzen sollte. Eben dieses Menschliche, das bisher den Gang der Philosophie so ganz anders gestaltet hatte, als der Gang der Einzelwissenschaften gewesen, dieses Menschliche gerade wollte man ein für allemal eliminieren, um endlich – das war namentlich der große Gedanke Kants – die Philosophie auf den sicheren Königsweg einer strengen Wissenschaft zu führen. Indem man aber so die Philosophie ihrem Wesen nach den Einzelwissenschaften gleichstellen wollte, spielte man, vielleicht ohne es zu merken, mit der Idee einer unmenschlichen oder, schärfer gesagt, einer über-

menschlichen Philosophie, bei der der tiefere Sinn der Philosophie allmählich verloren gehen mußte.
Erst die Verwirrungen aber, in die man mit dieser neuen Idee der Philosophie geriet, führten im 19. Jahrhundert langsam dahin, der Frage nach dem eigentlichen Wesen der Philosophie erneut von mehreren Seiten nachzugehen. Seit Dilthey vor allem ist diese Frage nach der Philosophie der Philosophie immer akuter geworden, und wenn auch heute die Verwirrung auf dem Felde der Philosophie erst recht sichtbar geworden ist, wo sich z. B. in Husserl und Heidegger die absolut unmenschliche Philosophie auf der einen, die allzu menschliche Philosophie eines nur »existentiellen« Philosophierens auf der anderen Seite in schärfster Opposition gegenüberstehen, so darf man vielleicht doch sagen, daß gerade diese Verwirrung einer neuen Klarheit über das Wesen der Philosophie den Weg bereiten kann.

## II.

Zwei Fragen sind es insbesondere, die bei dem Streit um das Wesen der Philosophie aufgeworfen zu werden pflegen. Beide Fragen betreffen den Wissenschaftscharakter der Philosophie. Bei der ersten Frage handelt es sich darum, ob die Philosophie nur Wissenschaft sei oder ob sie auch noch eine andere als die wissenschaftliche Funktion zu erfüllen habe. Bei der zweiten Frage dreht sich der Streit vor allem um das Wesen der Wissenschaftlichkeit selbst, soweit sich in ihr der Sinn der Philosophie erfüllen soll.

Bei der ersten Frage, ob die Philosophie nur Wissenschaft sei, ob sie also nur die Funktion der Wahrheitssuche und eventuell der Wahrheitsthesaurierung zu erfüllen habe, springt sofort dasjenige Moment in die Augen, das die Philosophie von den Einzelwissenschaften unterscheidet. Bei den Einzelwissenschaften ist es freilich so, daß ausschließlich oder doch wenigstens in erster Linie der Gesichtspunkt der materialen Erkenntnissuche und Erkenntnisfindung entscheidend ist. Eine Einzelwissenschaft ist nur insofern Wissenschaft, als sie auf gesicherte Erkenntnisse abzielt und das Grundkapital der Einzelerkenntnisse stetig zu vermehren bestrebt ist. Hier und da wenigstens dringen die Einzelwissenschaften immer tiefer in das Wahrsein, d. h. in den realen Vernunftgehalt der Dinge ein, und es ist dabei sogar selbstverständlich, daß der Einzelwissenschaftler von der alten »veritas ontologica« überzeugt ist. Er will objektive Seinssachverhalte entdecken, und er entdeckt sie auch wirklich hier und da, wie die Verifizierung seiner Theorien im praktischen Umgang mit den Dingen ihm zeigen kann. Wo aber diese Verifizierung nicht oder nur teilweise erfolgt, da schwört der Einzelwissenschaftler niemals auf seine Hypothesen, sondern kehrt allemal wieder zur Wirklichkeit zurück, fest davon überzeugt, daß nicht seine Theorien und Hypothesen entscheidend sind, sondern daß vielmehr die Sache selbst, die Wirklichkeit selbst, die Vernunft der Dinge selbst das Entscheidende ist. Gewiß gibt es auch Einzelwissenschaften (und es sind in erster Linie die Geisteswissenschaften, vor allem die Historie), in denen die Wahrheitsfindung aufs engste mit dem Problem der Sinndeutung des gegebenen Materials, speziell des Gewesenen, zusammenhängt. Aber selbst in diesen Einzelwissenschaften bleibt die Überzeugung bestehen, daß ein den Dingen und Ereignissen selbst einwohnender Vernunftgehalt gesucht und gefunden werden müsse. Mag also auch immerhin in den Einzelwissenschaften ein gewisses Schwanken auftreten durch neue Hypothesenbildungen, im Grunde aber geht es in den Einzelwissenschaften vorwärts. Hier wird nicht bloß gesucht, hier wird auch wirklich gefunden, und das Gefundene kann wenigstens in etwa, als Einzelergebnis hier und da, thesauriert und so für die Wissenstradition bereitgehalten werden.

Wenn man sich nun aber die Frage vorlegt, ob die Philosophie in genau dem gleichen Sinne als Wissenschaft, vielleicht gar als eine Einzelwissenschaft neben den anderen Einzelwissenschaften, zu gelten habe, dann wird man sofort in der größten Verlegenheit sein.

Selbstverständlich wird man sagen müssen, ist die Philosophie Wissenschaft. Sie hat es also genau so wie jede andere Wissenschaft mit der Wahrheitssuche, mit dem Auffinden des »verum« zu tun. Aber das »verum«, das sie sucht, liegt zunächst einmal in einer ganz anderen Region als jenes »verum«, auf das die Einzelwissenschaften abzielen. Es liegt in der Wesenstiefe der Dinge. Nun überrascht aber sofort die Tatsache, daß die Philosophie bei ihrer besonderen Art von Wahrheitssuche so ohne weiteres nicht das Gefundene zu thesaurieren vermag. An und für sich, gewiß, kann auch sie Gefundenes thesaurieren und wird sie es auch thesaurieren. Aber der Charakter der Gefundenheit des vermeintlich oder wirklich Gefundenen wird bei ihr gerade dauernd umstritten und immer wieder neu umstritten. Und das hat dann zur Folge, daß die ihr eigene Entwicklungslinie durch die Jahrhunderte hindurch eine Gestalt annimmt, die den Schlangenwindungen eines Flusses gleicht, der sich durch ein hügeliges Gelände durcharbeitet. Was aber noch sonderbarer ist: diese ihr eigene Gestalt würde auch dann bleiben, wenn man etwa annehmen wollte, es gelänge eines Tages der Menschheit, gleichsam einen zementierten Kanal der wirklich gefundenen Wahrheit durch die Jahrhunderte gradlinig hindurchzuführen. Gerade dann nämlich würde sich deutlich zeigen, daß der menschliche Geist in der philosophischen Ideenbildung einen solchen »zementierten Kanal« der ein für allemal gefundenen Wahrheit nicht verträgt: er würde ihn zerbrechen, um sich lieber von Augenblick zu Augenblick nach der ihm gemäßen Weise ein natürliches Flußbett durch die Zeit zu graben.

Gerade von diesem Moment her aber wird die Philosophie der Philosophie zu einem abgrundtiefen Problem. Denn nicht bloß darum geht jetzt die Frage, warum der Mensch überhaupt philosophiert, sondern auch darum, warum der Gang seiner philosophischen Entwicklung durch die Zeit hindurch sich eine so eigenwillige Gestalt gibt, so daß die Geschichte der Philosophie genau so rätselhaft wird wie die Geschichte der menschlichen Kultur überhaupt. Worin kann diese eigenartige Tatsache ihren Grund haben? Warum kommt gerade die Philosophie bei ihrer Wahrheitssuche niemals auf den sogenannten Königsweg einer strengen, in etwa wenigstens gradlinig voranschreitenden Wissenschaft? Hat sie es vielleicht doch nicht mit der Wahrheitssuche und mit der Einsicht in das »verum« zu tun? Ist sie vielleicht überhaupt keine Wissenschaft? Oder ist sie zwar Wissenschaft, aber doch eine Wissenschaft »sui generis«, weil sie es nicht bloß mit der Wahrheitssuche, wie die Einzelwissenschaften, sondern zugleich noch mit etwas mehr zu tun hat?

In der Tat gibt es nun dieses Besondere, was die Philosophie von den Einzelwissenschaften unterscheidet, und zwar so sehr von ihnen unterscheidet, daß sie eben von daher »die Königin der Wissenschaften« genannt werden darf. Dieses Besondere kann man freilich zunächst in dem Besonderen des »verum« sehen, das gerade sie zu suchen hat. Insofern sie das Wahrsein alles Seienden nach seiner letzten Wesenstiefe hin zu suchen hat, erwächst ihr eine besondere Funktion, die ihre Gestalt als »Wissenschaft« auf ein ganz anderes Niveau erhebt. Aber die besondere Art ihrer Wahrheitssuche verleiht ihr noch einen weiteren Vorrang vor der Wissenschaftsfunktion der Einzelwissenschaften. Denn eben ihre Wahrheitssuche tritt unversehens in den Dienst jener Menschensuche, die immer das höchste und letzte Ziel aller menschlichen Kulturentwicklung ist und bleibt.

Indem der Mensch philosophiert, sucht er nicht bloß nach dem tiefsten Wesen des Wahrseins, um so schlechthin, in eisiger Objektivitätskühle, zu wissen, was ist und wie es ist; vielmehr forscht er nach diesem Wahrsein zugleich deshalb, weil er als Mensch nach dem ureigensten Wahrsein seiner selbst suchen und nach der Verwirklichung dieses seines personalen Wahrseins streben muß. So haben wir es also in der Philosophie immer mit einer zweifachen Wahrheitssuche zu tun, mit einer objektiven und einer subjektiven. Insofern aber ist das Philosophieren allemal mehr als ein kühles, subjektiv-unberührtes Wissensstreben. Indem der Mensch philosophiert, ist er gezwungen, sich selbst von innen her aufzubauen, wobei sogar die Gefahr besteht, daß dieser Aufbauversuch seiner selbst stets von der Möglichkeit einer furchtbaren Selbstvernichtung bedroht ist. Von Kant wird zwar häufig das Wort zitiert, daß sich die Philosophie zu hüten habe, »erbaulich« sein zu wollen, ein Wort, das sicherlich einen sehr guten Sinn haben kann. Wenn man es aber dahin auslegen wollte, wie es denn auch manche Philosophen getan haben, daß nämlich die Philosophie »à tout prix« sich von jenem spezifisch »Menschlichen« zu distanzieren habe, auf das wir soeben angespielt haben, dann steuert man auf eine absolut unmenschliche Philosophie los, und es hat sich im Laufe der Geschichte des menschlichen Denkens mehr als einmal gezeigt, daß eine solche »unmenschliche« Philosophie gerade das, was sie erreichen will, nämlich die äußerste Wissenschaftsstrenge, am allerersten verfehlt. Darum sagt gegenüber den Bestrebungen Kants schon Jacobi einmal: »Den Menschen bildend, theomorphisierte Gott, notwendig anthromorphisiert darum der Mensch.« – Wohl ist es richtig, daß es einen schlechten Anthropomorphismus gibt, der im Subjektivismus endet; es gibt aber auch eine gute Seite des Anthropomorphisierens, und dieses wollte Jacobi mit seinem Wort betonen. Ebenso schreibt einmal Fichte sehr schön an Jacobi, von der Philosophie und ihrer Lebensnähe sprechend: »Wir Menschen fingen an zu philosophieren aus Übermut« – er denkt an den Fall im Paradies – »und verloren darüber unsere Unschuld. Dann erkannten wir unsere Nacktheit, und seitdem philosophieren wir aus Not, für unsere Erlösung«[1].

Indessen, das Problem, das wir hier angedeutet haben, ist verwickelter, als es so auf den ersten Blick hin erscheinen mag. Wir haben soeben dem streng szientifischen Moment der Philosophie das »existentielle« Moment, wie wir es heute, in Anlehnung an Kierkegaard und Heidegger, zu nennen pflegen, gegenübergestellt. Und diese Gegenüberstellung ist uns in der Philosophie der Gegenwart seit jenem Moment geläufig geworden, wo Dilthey der »szientifischen« Philosophie der Neukantianer die Notwendigkeit einer »Philosophie des Lebens« vor Augen rückte. In der »existentiellen« Philosophie von Heidegger und Jaspers hat heute diese »Lebensphilosophie« ihren systematischen Charakter erhalten. Sofort aber erkennen wir nunmehr, von dieser zeitgeschichtlichen Perspektive her, die heute in dem Gegensatz von Husserl und Heidegger ihren sichtbarsten Ausdruck findet, die andere Seite des hier angerührten Problems.

Wollte man jetzt nämlich dahin argumentieren, daß nur das Moment der Menschensuche für das Wesen der Philosophie entscheidend sei, und daß es also bei ihr auf das andere Moment der Wahrheitssuche überhaupt nicht ankomme, dann wäre man aus der Szylla in die Charybdis geraten. In der Philosophie ist der einseitige »Existentialismus« genau so ein abzulehnendes Extrem wie der einseitige »Szientismus«. Das viel zitierte Wort Fichtes, was für eine Philosophie man wähle, hänge davon ab, was für ein Mensch man sei, ist jedenfalls ebenso gefährlich zu nennen, wie es tiefsinnig und auch wahr sein kann. Wenn sich der extreme »Existentialismus« auf dieses Wort berufen wollte, dann müßte er sich sofort entgegen halten lassen, daß er damit einem uferlosen Relativismus verfallen sei. Wenn es genügt zu sagen, jede Philosophie sei nur der Ausdruck des jeweiligen Menschentums, das hinter ihr steht, und insofern seien alle Philosophien gleich wahr und gleich wertvoll, so ist man damit aus dem tiefen Ernst einer wahrhaft existentiellen Philosophie in den spielerischen Unernst einer Philosophie abgeglitten, die, indem sie das Wahrsein des Gedankengehaltes preisgibt, damit zugleich auch das Menschliche in ihr in ein »allzu Menschliches« verkehrt.

Die im eigentlichen Sinne menschliche Philosophie liegt also in der Mitte zwischen zwei Extremen, von denen das eine den unmenschlichen »Szientismus«, das andere den allzu menschlichen »Existentialismus« darstellt. Wahrheitssuche und Menschensuche sind die beiden korrelativen Momente im Wesen der Philosophie, durch die sie einerseits Wissenschaft im strengen Sinne ist und andererseits noch eine viel bedeutsamere Funktion hat als die bloß »szientifische« der Einzelwissenschaften. Daraus ergibt sich aber auch dann der ewige Zwiespalt der Philosophie, daß sie auf der einen Seite sich ganz der objektiven, nicht an die Gesetze der Zeit gebundenen Wahrheitsforschung hingeben möchte, und auf der anderen Seite doch dann immer wieder in die Unmittelbarkeit des Lebens, mit dem ganzen Auf und Ab seiner jeweiligen Schwankungen und Kämpfe, hineingerissen wird.

Eine besondere Schwierigkeit erwächst dabei aus der Innigkeit des Wechselverhältnisses, das wir in der Philosophie zwischen den beiden Momenten der Wahrheitssuche und der menschlichen Seelsuche feststellen können. Von der innersten Innerlichkeit seines Selbst aus soll der philosophische Geist in die innerste Wesensinnerlichkeit der Dinge eindringen. Und so ergibt sich, daß er sich ebensosehr, mit einem echt metaphysischen Rationalismus, in sich selbst hineinkonzentrieren muß, wie er sich, mit einem ganz keuschen Empirismus, ganz in Andacht in die Seele der Dinge hineinverlieren soll. Fast paradox mutet dieses Wechselverhältnis an, wenn man es sich einmal in einer präzisen Formel vor Augen zu stellen versucht.

## III.

Eben diese scheinbar unmenschliche Aufgabe alles wahrhaft menschlichen Philosophierens offenbart sich uns nun aber noch einmal von einer neuen Seite, wenn wir an die zweite der beiden weiter oben aufgestellten Fragen herangehen, an die Frage nach dem spezifischen Charakter der Wissenschaftlichkeit in der Philosophie. Eine besondere Alternative, vor die wir uns bei dieser Frage gestellt sehen, vermag uns sofort in die eigentliche Schwierigkeit hineinzuführen, an die wir mit dieser zweiten Frage denken. Hat die Philosophie, so lautet diese Alternative, den Sinn, den Menschengeist wirklich in der Wahrheit ausruhen zu lassen oder aber hat sie vielleicht nur den Sinn, ihn über das Wesen der Wahrheit in der extremsten Weise zu beunruhigen? Soll die Philosophie den Menschengeist mit dem Anblick der Wahrheit beglücken, oder soll sie ihn nur in jene unendliche Unseligkeit hineinführen, die vielleicht am offenkundigsten in der permanenten Unruhe des Skeptikers gegeben ist? Sind jene scharfsinnigen Köpfe allein die echten Vertreter der Philosophie, die nur das Suchen, dem niemals ein Finden zuteil wird, als das große Ziel der Philosophie aufstellen, oder sollen wir jenen tiefsinnigen Geistern folgen, die nicht bloß qualvoll suchen, sondern auch beglückt finden, was sie suchen, und dann im Gefundenen in demutsvoller Verehrung eine tiefe Ruhe der Seele erleben und sie in gleicher Weise auf die nacherlebenden Geister übertragen? Entscheidet die dogmatisierende Partei Platons über das Wesen der Philosophie, oder hat über diesen Punkt die Partei des bloß analytischen David Hume das letzte Wort zu sprechen?

Wie man aus dieser Fragestellung ersieht, bereitet das »szientifische« Moment in der Philosophie, wenn man es einmal für sich allein gelten lassen wollte, hier noch einmal die größten Schwierigkeiten. Und es scheint sogar, als weise es jetzt erst recht, von dieser neuen Seite her betrachtet, auf das menschliche Moment, also auf das Existentiell-Soteriologische zurück, von dem wir zunächst ausgegangen sind. Denn zwischen Ruhe und Unruhe als den äußersten Polen seiner menschlichen Möglichkeiten ist der Mensch nun einmal in diese Welt gestellt, wobei man freilich zu beachten hat, daß die beiden Polarbegriffe jeweils einen doppeldeutigen Sinn haben.

Denn es gibt natürlich ebensogut eine Ruhe, die des Menschen als einer geistigen Natur unwürdig ist, wie es eine Unruhe gibt, die den Menschen allererst über das Tier erhebt in die Zone rein menschlicher Wachheit hinein. Die Wahrheit soll ihn unruhig machen, bis er ganz in ihre erhabene Ruhe eingegangen ist. Auf dem Gegenpol dieser erhabenen Ruhe aber liegt dann jene absolute metaphysische Unruhe, die den Menschen, der in ihre Zone geraten ist, seiner ganzen Menschlichkeit beraubt.

Mit der Frage nach dem Wesen der Wissenschaftlichkeit in der Philosophie geraten wir nun aber gerade von diesen beiden Kategorien her in die größte Verlegenheit. Denn noch einmal und nun erst recht stehen wir jetzt vor der Alternative, ob der philosophische Reflexionsakt mehr ein Akt der geistigen Beunruhigung sei, bis zur äußersten Infragestellung des Wahrseins, oder ob er im letzten in seiner Funktion hintendiere auf den Ruheakt der Devotion, des »inneren Gebets«, ja, ob er sogar mitten hineingebettet sei in diesen Devotionsakt, der vielleicht als der menschlichste aller menschlichen Geistesakte überhaupt zu betrachten ist.

Eine solche Fragestellung kommt, nach dem titanischen »experimentum spiritus« der modernen Philosophie, keineswegs von ungefähr. Es ist überaus bezeichnend für den großen Gegensatz der Philosophie, der zwischen der Antike und dem Mittelalter einerseits und der Neuzeit andererseits aufbricht, daß Platon und seine Nachfolger den Anfang der Philosophie im wesentlichen in dem Devotionsakt des Staunens, Descartes und seine Nachfolger ihn im wesentlichen in dem sozusagen pietätlosen Beunruhigungsakt des Zweifels erblickten.

Nun liegt es uns hier fern, so einfachhin die eine der beiden Parteien gegen die andere auszuspielen und etwa mit einem pharisäischen Verdammungsurteil gegen Descartes und die Neuzeit uns so ohne weiteres Platon und der Vorzeit anzuschließen. Denn es ist zu offensichtlich, daß die moderne Philosophie bezüglich der philosophischen Problemwachheit eine ganz große Mission in der geistigen Entwicklung der Menschheit erfüllt hat. Nicht nur beruhigen soll die Philosophie den menschlichen Geist, sondern auch tief beunruhigen soll sie ihn, und auch in diesem Falle kann es dann so sein, daß der dem Vaterhaus den Rücken kehrende Sohn in der unendlich tiefen Oekonomie des geistigen Gesamtlebens eine größere Rolle zu spielen hat, als der demütig gehorsam daheimgebliebene Sohn sie jemals zu spielen fähig ist.

Fürwahr, gestehen wir es nur zu, tief beunruhigen soll die Philosophie den Menschengeist. Und dieser Beunruhigungsakt scheint tatsächlich, zunächst wenigstens, ihre vornehmste wenn freilich auch ihre gefährlichste Aufgabe zu sein. Von hier aus gesehen, erklärt sich vielleicht am ersten die Seltenheit der eigentlich philosophischen Anlage. Obwohl im Grunde alle Menschen philosophische Grübler von Natur sind, und das eben unterscheidet sie von der Naturruhe des Tieres, so ist doch der streng philosophische Kopf eine Ausnahme. Gerade das aber hat seinen ganz tiefen Sinn. Denn der überwiegende Teil der Menschheit bedarf dringend der relativ unphilosophischen Daseinsruhe, damit der stetige Fortgang des alltäglichen Lebens im großen und ganzen gewährleistet ist. Nur ab und zu soll der erhellende Blitz eines echt philosophischen Genius in diese wohltätige Dunkelheit des Daseins der »Vielen« hineinfahren, damit die gewaltige Problematik beleuchtet wird, in der wir Erdensöhne Stunde für Stunde dahinleben. Es wirkt wahrhaft erfrischend und ernüchternd, wenn eines Tages David Hume auftritt und an einem einzigen Problem der Menschheit darlegt, daß wir über der gewaltigen Problematik der Dinge bloß wie große Kinder dahinwandern. Und man kann es wohl verstehen, daß Kant eines Tages über Humes Kausalanalyse aus seinem »dogmatischen Schlummer« aufgerüttelt wurde.

Aber – und hier meldet sich jetzt doch wieder die Kehrseite der damit angerührten Frage – es wäre verfehlt, wenn hieraus der »Szientismus« der modernen Philosophie ein Axiom herleiten wollte, etwa in dem Sinne des bekannten Lessingwortes, daß nur das ewige, aber vergebliche Suchen des Menschen nach der Wahrheit als den spezifisch menschlichen Anteil des Menschen am Geiste gelten lassen will und das Ruhen in der Wahrheit ganz in die göttliche Region verweist.

Dieses Lessingwort kann seinen tiefen Sinn genauso haben, wie ihn jenes oben zitierte Fichtewort haben kann. Und doch ist es merkwürdig genug, daß dieses Lessingwort genauso oft von modernen Geistern mißdeutet worden ist, wie es mit dem Worte Fichtes häufig genug geschehen ist. Mißdeutet man es aber, dann macht man aus der abgrundtiefen Gefahr, die ohnehin mit dem Beunruhigungsakt der Philosophie gegeben ist, leichtfertig genug ein Glück und etwas fraglos Großes, und man verwandelt die menschliche Demut, die sich zweifellos in diesem Wort aussprechen kann, in einen Geisteshochmut, der geradezu Geisteshybris genannt werden muß.

Denn wenn die Beunruhigung des Geistes, die zweifellos durch die Philosophie in die Welt kommt, eine Beunruhigung in dem Sinne einer absoluten Infragestellung der Wahrheit überhaupt bedeuten soll, dann haben wir es dabei noch einmal mit einer unmenschlichen Philosophie zu tun. Unmenschlich ist nämlich alles, was von Grund auf den Menschen in der ihm von Natur mitgegebenen Liebenstendenz gefährdet oder vernichtet. Auf Wahrheit, auf Ordnung, auf Wert, Licht, auf urvernünftiges Sein ist nun einmal von Natur die Menschenseele eingestellt. Eine Philosophie aber, die es infolge eines falschen »Szientismus« als ihr Wesen betrachten würde, diese naturhafte Tendenz der Menschenseele in ihrer Wurzel zu bedrohen, sie würde den Menschen geradezu in die entgegengesetzte Richtung seines möglichen Menschwerdungsweges verweisen. Sie würde ihn in eine diabolische Unruhe versetzen, die sein ganzes Sein auf die Dauer zerstören müßte. Zu beunruhigen, das mag gewiß auch eine der Aufgaben der Philosophie sein. Aber beunruhigen soll sie den Menschen nur dort, wo ihn seine ungeistige Trägheit in die Gefahr bringen könnte, jene Wachheit des Geistes zu verlieren, die seiner personalen Existenz gemäß ist. Daß der Mensch nicht zum Tier verstumpfe, das soll der Reflexionsakt der Philosophie als Beunruhigungsakt verhüten. Wehe aber denjenigen, die dieses der Philosophie von Natur innewohnende Beunruhigungsmoment dahin sich auswirken lassen wollten, daß der Mensch das Menschlichste seines Menschseins verliert, jenes Menschlichste, das uns im Hingabeakt der Devotion, insbesondere in der tiefen Seelenruhe des Gebets, erst auf dem Gipfel seiner Vollendung erscheint.

Die Philosophie ist eben als Philosophie von der Religion fast wie durch eine unendliche Wesenskluft geschieden. Der Mensch mag noch so ernst philosophieren, er wird niemals als ein bloß Philosophierender das wahre Ziel seiner Menschwerdung erreichen können. Gerade für den Philosophen gilt in besonderer Weise, selbst dann sogar, wenn er das soteriologische Moment in der Philosophie nicht unterschätzt hat, daß er sich als Philosophen zu guter Letzt opfert, damit die Philosophie ihm nicht zu einer Schranke werde, an der sein wesentliches Menschentum scheitert. Die philosophische Weisheit ist zwar einer der beiden Hochgipfel aller Humanität. Aber selbst der Weise muß am Ende eingestehen, daß die natürliche Weisheit, die Weisheit dieser Welt, nur ein vorläufiger Gipfel der Humanität ist, den der Mensch hinter sich lassen muß, wenn er seine letzte Vollendung nicht gefährden will. Nicht der Reflexionsakt des Philosophen macht den Menschen selig, sondern erst der wahrhafte Devotionsakt des Heiligen kann vollenden, was im Menschen als sein Menschlichstes angelegt ist.

Gerade wegen dieser Vorläufigkeit aller Philosophie beim Hinblick auf den höchsten Gipfel aller Humanität muß die Philosophie, so sehr sie auch ihrem Wesen nach von aller Religion verschieden ist, mit dem Devotionsakt der Religion eine ganz innige Verbindung suchen, falls sie sich nicht eine unmenschliche Funktion anmaßen will.

Nicht also eine falsche Beunruhigung ist das höchste Ziel des philosophischen Reflexionsaktes, sondern das ist gerade ihre höchste, ihre wahrhaft menschliche Aufgabe, den Menschen in die tiefe Ruhe zu führen, die unser wahrheitshungriger Geist nur in der Evidenz der Wahrheit finden kann. In der Philosophie selbst also ist jener Devotionsakt schon implicite angelegt und enthalten, der im wahrhaft religiösen Devotionsakt explicite seine klassische Gestalt erhält. Und zwar gilt das in einem solchen Maße, daß im Grunde die echte Philosophie nicht bloß sich in dem natürlichen Devotionsakt der Ehrfurcht vor der gefundenen Wahrheit vollendet, sondern, daß sie auch aus diesem naturhaft einsetzenden Devotionsakt, in der Form des frommen Staunens, ihren Ausgang nimmt. Ganz und gar hineingebettet ist sie also gewissermaßen, soweit sie ihre natürlich-menschliche Funktion erfüllt, in jenen geistigen Akt der Devotion, von dem die Religion ausschließlich ihr Wesen empfängt. Zwischen Metaphysik und Gebet besteht

demgemäß, sobald die Metaphysik ihre menschliche Sendung voll begreift, ein so inniger Kontakt, daß eine Metaphysik ohne Gebet (als »scientia sine devotione« wie Bonaventura sagen würde), sich sofort gegen ihr innerstes Wesensgesetz verfehlt.
Als ein die Wahrheit Suchender sowohl als auch ein die Wahrheit Findender muß der Philosoph niederknieen vor dem Altar der Wahrheit. Ohne diesen Akt der Devotion wird all sein Suchen nur ein eitles und vergebliches Suchen sein, weil es ein Suchen ist, das sich von vornherein jenem seligen Finderglück verschließt, ohne das alle Wahrheitssuche sinnlos werden muß.

## IV.

Und doch bleibt eine besondere Schwierigkeit immer noch ungeklärt, wenn wir die falsche Beunruhigung des philosophischen Reflexionsaktes als dasjenige Moment in der Philosophie herausgestellt haben, das ihr eigentliches Wesen in seinem Bestand bedroht. Ist nicht doch am Ende die Philosophie als Philosophie, insofern sie eben den menschlichen Geist zum Selbstsehen und Selbstprüfen führen soll, wesenhaft an die kritische Beunruhigung gebunden, die nun einmal ohne eine gewisse Dosis des Zweifels nicht möglich zu sein scheint? Müssen wir nicht zum wenigsten der Philosophie eine gewisse Zweigipfeligkeit zugestehen, insofern sich in ihr ein unfromm kritisches und ein mehr fromm dogmatisches Moment herausheben lassen, die zueinander in dem Verhältnis einer paradoxen Spannung stehen und die sich dauernd einander die Waage halten müssen? Zugestanden auch, die Philosophie habe letzten Endes die hohe Mission, den Menschen in die große Ewigkeitsruhe aller Wahrheit zu führen, bleibt dann nicht doch immer wieder das Bedenken zurück, daß gerade das streng kritische Geschäft, wie es die Skepsis aller Zeiten in ihr geübt hat, im Dienste der autonomen Würde des zur Selbstprüfung aufgerufenen Menschengeistes steht?

Wenn nun einmal die Philosophie eine gewisse Problembeunruhigung bewirken soll, wie wir zugeben mußten, dann fragt es sich immerhin, ob die fromm-dogmatischen Naturen, die sich so auffällig von den unfromm-kritischen Naturen in ihr unterscheiden, überhaupt im Stande sind, die Aufgaben der Problembeunruhigung zum wenigsten in dem Maße zu erfüllen, wie sie von dem unfrommen Skeptiker immer erfüllt wird. Muß also, wenn nun einmal Philosophie ihrem ganzen Wesen nach sein soll, d. h. in der ganzen Ausschwingungsweite zwischen ihrem gefährdeten und ihrem bergenden Moment, muß dann nicht auch unfromme Skepsis ebenso an ihr Anteil haben, wie der ehrfurchtsvolle Dogmatismus, der vielleicht gerade durch seine Ehrfurcht daran gehindert ist, den Boden der Problematik mit jener fruchtbaren Rücksichtslosigkeit aufzureißen, mit der das allemal gerade die Skepsis besorgt hat? Man mag sich an diesem Punkte drehen und wenden, wie man will, man kann nun einmal an der offenkundigen Tatsache nicht vorbeikommen, daß die kritischen Zweiflernaturen vom Stamme David Humes das philosophische Selbstprüfungsgeschäft im allgemeinen erfolgreicher betrieben haben als diejenigen, die durch die ihnen eingeborene Seinsfrömmigkeit vor solchen skeptischen Abenteuern des Geistes geschützt waren. Ohne diese Abenteurer einer geradezu verwegenen Skepsis hätten jene mehr denkfrommen Naturen oft genug einer gewissen Reibfläche entbehren müssen, ohne die der Funke des Geistes nicht herausspringen kann. Paradox formuliert; sieht nicht das diabolische Auge zuweilen schärfer die tiefen Fragwürdigkeiten des Seins, als es dem frommen Auge zu sehen möglich ist?

Hier erhebt sich noch einmal ein schwer zu bewältigendes Problem für die Wesenserfassung der Philosophie, insoweit die Philosophie als menschliche Philosophie den gesamten Wesensspielraum des Menschlichen überspannen soll, der sich zwischen »Trotz und Hingabe«, wie Jaspers mit Recht sagt, zwischen den Zonen der Verlorenheit und der Geborgenheit, der höchsten Geistesgefahr und der seligsten Geistesruhe, erstreckt? Und hat man dann nicht zuweilen den Eindruck, als sei die Philosophie als Philosophie, also gewissermaßen als der ewige Widerpart der Religion, mehr nach jenem kritischen Pol hin verlagert als nach dem dogmatischen Gegenpol, wo Ehrfurcht, Hingabe, Liebe schon die Nähe des religiösen Grenzbezirkes andeuten? Liegt nicht ein tiefer Sinn darin, wenn Hegel einmal fast verzweifelt in die Klage ausbricht, »wer von Gott dazu verdammt sei, ein Philosoph zu sein usw.«?

Zweifellos wird man jedenfalls nach solchen Erwägungen sagen müssen, erfüllt auch der unfromme Skeptiker in der philosophischen Gesamtentwicklung eine objektive Mission. Aber wir stehen hier vor dem gleichen tiefen Rätsel, das die christliche Liturgie mit dem Wort von der »felix culpa« andeutet. Dieses Wort würde derjenige sicherlich vollkommen mißdeuten, der sich bewußt in den Abgrund der Schuld wagen wollte, um auf diese Weise der Oekonomie des Ganzen zu dienen. Aufs Ganze hingesehen, ist es tatsächlich so, daß die Philosophie in ihrer Gesamtbewegung ohne dic permanente Spannung zwischen der »abenteuernden Skepsis« und dem »heimkehrenden Denken«, wie es Oskar Bauhofer genannt hat, nicht gedacht werden kann. Und so wird denn auch immer dafür gesorgt sein, daß dem »heimkehrenden Denken« der ewige Widerpart der »abenteuernden Skepsis« als sein notwendiger Wegbereiter, als der »dunkle Gefährte« seiner Liebe beigegeben ist. Und trotzdem wäre es verfehlt, wenn man daraufhin den Schluß wagen wollte, der philosophische Reflexionsakt müsse geradezu bewußt in den Dienst jenes ewigen Vabanquespiels mit der Wahrheit gestellt werden, das die unfromme Skepsis einer extrem voraussetzungslosen Philosophie seit Jahrhunderten gespielt hat und in dem sie von jeher das Wesen der Philosophie erblicken wollte. Wenn es auch richtig ist, daß es eine objektive Fruchtbarkeit in dem gefährlichen und ehrfurchtslosen Spiel der »abenteuernden Skepsis« gibt, so ist damit dieser Skepsis selbst noch keineswegs ein Freischein dafür gegeben, daß sie sich die Rolle der Vorsehung im Gesamtprozeß der Philosophie zueignen dürfe. Die bewußt ehrfurchtslose Skepsis, die allemal die Substanz der Wahrheit selbst in einem verwegenen Abenteuer der Vernunft aufs Spiel setzt, widerspricht so sehr dem tiefsten Sinn der philosophischen Wahrheitssuche, daß sie in gewissem Sinne doch nur den Sprengstoff der Philosophie bedeuten kann. Wenn sie trotzdem eine objektive Mission erfüllt, so darf sie sich selbst doch niemals auf dieses positive Ergebnis ihrer historischen Wirksamkeit berufen, da sie selbst ja doch dieses Positive weder sehen noch gelten lassen kann. Denn sie selbst lebt ja doch als eben diese Skepsis von der destruktiven Tendenz, die ihr von ihrem Wesen her einwohnt. Und deshalb wäre es auch widersinnig, wenn sie sich pharisäisch die Rolle der Vorsehung anmaßen wollte, indem sie etwa sagte: »Was wollt ihr, habe ich nicht fruchtbarer durch alle Jahrhunderte hindurch gewirkt als alle diejenigen, die die Heidin Philosophie immer wieder mit christlichem Taufwasser getauft haben wollten?« Wenn es also auch schon richtig ist, daß die Philosophie in der ganzen Spannungsweite ihres Wesensraumes jener Reibungsfläche der Skepsis nicht entraten kann, an der sich das fromme Denken allererst in der rechten Weise entzündet, so kann doch die Skepsis selbst sich nicht auf dieses Positive ihrer Fortwirkung berufen, um ihr rein negatives Beginnen damit »post festum« zu glorifizieren. Zum mindesten ist und bleibt sie ein dunkles menschliches Schicksal, und sehr oft wird sie sogar ein schuldhaftes Schicksal genannt werden müssen, auf das dann freilich ebenso das tiefsinnige Wort von der »felix culpa« Anwendung finden mag, wie es ja auch sonst, im gesamten Bereich alles Kleinmenschlichen, die wunderbare Ökonomie des Lebensganzen anzudeuten vermag. Immer also wird es die Skepsis geben in der Philosophie, und immer muß sie es geben als die dunkle Folie des im Letzten immer auf die Wahrheit abzielenden philosophischen Reflexionsaktes. Und doch gilt auch hier das Wehe und das dreimalige Wehe, das Christus über diejenigen ausgesprochen hat, die den Unmündigen zum Ärgernis werden.

## V.

In zweifacher Weise also kann die Philosophie die Gestalt einer »philosophia inhumana« annehmen. Sie tritt uns zuerst dort entgegen, wo der szientifische Faktor in der Philosophie auf Kosten des existentiell-soteriologischen Faktors absolut gesetzt wird. Schwingt nun aber bei diesem absoluten Szientismus das Menschliche insofern wieder mit, als dieser Szientismus selbst eine existentielle Gestalt annimmt, dann haben wir es mit der zweiten Form der »philosophia inhumana« zu tun. Dabei ergibt sich freilich ein höchst bedeutsamer Unterschied bezüglich des Prädikates »unmenschlich«. Die Unmenschlichkeit der ersteren Philosophiegestalt kann nämlich in der Hauptsache als die relative Harmlosigkeit einer bloßen Gelehrtenphilosophie gelten, bei der der Forscher entweder ein Archivar der Philosophie-Historie ist, oder dort, wo er wirklich ins Systematische eintritt, im Grunde Philosophie nur so betreibt, wie man auch jede Einzelwissenschaft betreiben kann. Allerdings liegt es näher, daß der Letztere, der indifferentistische Systematiker also, ziemlich leicht in das Extrem der zweiten »unmenschlichen« Philosophiegestalt hineingetrieben werden kann. Sobald er nämlich seinen Indifferentismus zu einem Prinzip macht, bei dem er sein ganzes Menschentum mit in die Wagschale wirft, dann ist jene negative Form des »Existentialismus« erreicht, bei der, wie wir gesehen haben, dem philosophischen Reflexionsakt die Beunruhigung in Permanenz und prinzipiell als letztes Ziel zuerkannt wird.

Im Grunde aber ist nur die unmenschliche Philosophie der zweiten Form, die Philosophie also des gewissermaßen »diabolischen Reflexionsblicks« jener negative Gegenpol, der dem positiven Gegenpol des vernunft- und seinsfrommen Dogmatismus korrespondiert. Man darf jedoch dabei nicht vergessen, daß schon im Wesen der Philosophie selbst, oder, genauer noch, im Wesen des Erkenntnisaktes, diese Polarität eines negativen und eines positiven Weges für unseren Geist der Anlage nach gegeben ist. Und eben von daher mag es sich erklären, daß man zuweilen in die Verlegenheit gerät, auf welche Seite man im Wesen der Philosophie den Akzent setzen soll, ob auf die Seite des unfromm gewagten Vernunftabenteuers der Skepsis oder auf die Seite der verehrenden Vernunft, der die Heimkehr mehr am Herzen liegt als alle Abenteuer einer die Seele zerreißenden Skepsis. Es gilt immer zu sehen, daß die Philosophie als Philosophie schon, und zwar auf Grund einer gewissen Doppelponderanz des Erkenntnisaktes selbst, zugleich die gefährlichste und die erhabenste aller Wissenschaften ist, und daß sie gerade auch deshalb, in dem feinen Zusammenspiel ihrer Gefährlichkeit und ihrer Erhabenheit, als die verantwortungsvollste aller Wissenschaften, die Wissenschaft »sui generis« ist oder die Königin der Wissenschaften. Dieser doppelte Adel, der dunkle Adel ihrer möglichen Gefährlichkeit wie der leuchtende Adel ihrer möglichen Erhabenheit, ist dasjenige, was sie wesensgemäß auf jenes höhere Niveau erhebt, von dem aus sie der Menschheit bald ihre dunklere, den Geist erschreckende, bald auch wieder ihre hellere, den Geist mit dem beruhigenden Anblick der Wahrheit so unendlich beseligende Gestalt darbieten kann.

Von diesem Punkte aber aus mag es nun auch möglich werden, in etwa in jene erregte Diskussion einzugreifen, die in der jüngsten Gegenwart wieder heftig um das alte Problem einer christlichen Philosophie entbrannt ist. Im Grunde ist es die Frage nach einer gebundenen oder nach einer freien Philosophie, die damit gestellt wird. Die eine Partei bejaht mit voller Überzeugung die Notwendigkeit einer gebundenen Philosophie, wie sie eben die christliche Philosophie darstellt, während die andere Partei in einer derartig gebundenen Philosophie nur eine Philosophie »in Fesseln« erblicken kann, der sie dann eine sogenannte »philosophia separata« als die einzig mögliche Form der ihre Freiheit fordernden Philosophie entgegenstellt. So spitzt sich also zunächst alles auf die Frage zu: Gibt es eine solche »philosophia separata«? Oder zum wenigsten: Darf es sie geben, ohne daß dadurch dem Wesen der Philosophie das Wesentliche entzogen wird?

Soll nun aber eine solche »philosophia separata« eben das bedeuten, was wir hier als die »philosophia inhumana« (und zwar vor allem in ihrer Vollgestalt) charakterisiert haben, dann ist sofort klar, daß wir mit dieser Frage wieder in den gleichen Problemschwierigkeiten stecken, mit denen wir uns bisher auseinandergesetzt haben. Eine »philosophia separata« in diesem Sinne würde dann also eine Philosophie bedeuten, in der sich der geistige Reflexionsakt um der Reinheit des Kritischen, und zwar des absolut kritischen Ansatzes willen prinzipiell ablöst von allem dem, was man in die Devotionsphäre der menschlichen Natur einzubeziehen hat. Es wäre also jene »scientia sine devotione«, die Bonaventura einmal als reine, gewissermaßen profanierte Neugier (»curiositas«) mit scharfen, ja fast mit überscharfen Worten als eine »Hurerei des Geistes« gebrandmarkt hat.

Aber Bonaventuras Geist fliegt nun von hier aus einem höheren, ja, dem höchsten Ziel der wahrhaften »philosophia christiana« entgegen. Er scheut sich nicht, mit dem Ideal einer wirklich »gebundenen Philosophie« Ernst zu machen, deren Gebundenheit ihm nicht etwa als eine unwürdige Gefesseltheit, sondern im Gegenteil als die höchste Freiheit des Geistes erscheint. Und nun erst erhebt sich die Frage, ob eine derartige gebundene Philosophie nicht doch dem wahren Wesen der Philosophie widerspricht. Es wäre eine Philosophie, die aus zwei Offenbarungsquellen zugleich zu schöpfen hätte, aus den beiden Quellen der natürlichen und der übernatürlichen Offenbarung und es wäre ferner eine Philosophie, bei der der Philosoph gleichsam aus zwei

Augen sehen lernen müßte, aus dem Geistesauge der natürlichen Vernunft (lumen naturale) und aus dem Geistesauge der durch die Kraft des Übernatürlichen erhöhten Vernunft (lumen fidei).

Es versteht sich ganz von selbst, warum die »philosophia separata« im vorhin gekennzeichneten Sinne dieses höchste Ideal einer wahrhaften »philosophia christiana« ablehnen muß. Denn für eine Philosophie, die den Schwerpunkt im Wesen der Philosophie in jenem Beunruhigungsakt in Permanenz sehen will, der alles Wahrsein überhaupt prinzipicll in Frage stellen soll, kann eine solche Philosophie nur eine »philosophia vincta« im schlimmsten Sinne des Wortes sein, eine kläglich und würdelos in Fesseln gelegte Philosophie, in der nichts mehr vom Wesen der wahrhaft kritischen Philosophie übrig geblieben ist. Aber das kommt nur daher, daß sie überhaupt nur eine »philosophia impia« gelten läßt. Sie setzt nicht bloß der christlich gebundenen Philosophie ihre Idee der »philosophia separata« entgegen, sondern diese »philosophia separata« zieht auch einen scharfen Trennungsstrich zwischen der Philosophie und aller menschlichen Pietät überhaupt, oder wenn man will, zwischen der Philosophie und aller natürlichen Religion, wobei freilich zu bedenken bleibt, daß der Begriff der »natürlichen Religion« immerhin als ein sehr umstrittener Begriff zu gelten hat. Daß es in der Philosophie ein gewisses Moment gibt, das eine solche Auffassung der Philosophie als »philosophia essentialiter impia« nahelegt, haben wir gesehen. Aber selbst diese »philosophia essentialiter impia« kann nicht ohne einen gewissen Rest von Pietät existieren, wenn sie sich nicht überhaupt zur Einhaltung (»ἐποχή«) des philosophischen Reflexionsaktes verurteilt sehen will. Die Tatsache, daß sie überhaupt in die philosophische Diskussion hineinredet, zeigt doch zum mindesten, daß sie in dem Suchen selbst praktisch etwas Wertvolles anerkennt. Vor allem aber ist es die subjektive Seite der Evidenz, nämlich das Selbstsehenwollen und das Selbstsehendürfen, was durch ihre an und für sich maßlosen Forderungen im Punkte der Erkenntnisgewißheit einen besonders hohen Grad der Wertung erhält. Ihr Wissenstitanismus ist nur möglich auf der Grundlage dieser allerdings uneingestandenen Ehrfurcht vor dem hohen Ideal der Klarheit, Wachheit und Freiheit des Geistes, die nach der wissenschaftlichen Erhärtung des Satzes strebt: »Omne ens est intelligibile«.

Zwischen diesem äußersten Extrem einer »philosophia impia« schlechthin und jenem anderen Extrem Bonaventuras, der die Philosophia nur als eine ganz strenge »philosophia christiana« anerkennen will, bildet nun offenbar jene Philosophie das verbindende Mittelglied, die, obwohl kritisch als Philosophie, doch die Tatsache anerkennt, daß der philosophische Reflexionsakt niemals ganz abgelöst werden kann von jenem geistigen Devotionsakt, der, wie wiederholt betont werden mußte, gerade der menschlichste aller menschlichen Geistesakte ist. (Fußnote von Wust: Selbstverständlich sind ihrem Wesen nach Evidenz [Einsicht] und Devotion [Hingabe, Ehrfurcht usw.] strengstens zu unterscheiden, um die Gefahr eines Irrationalismus zu vermeiden.) Zwar bedarf gerade diese Philosophie dauernd jenes gefährlichen Gegenspielers, der das Gefahrenmoment im Wesen der Philosophie absolut setzt. Aber sie selbst identifiziert sich niemals mit einer solchen »philosophia impia« schlechthin, sondern sie legt einen besonderen Wert darauf, daß sich die Philosophie dauernd jenes ihr innewohnenden dämonischen Momentes zu erwehren hat, weil sie weiß, daß die Wahrheit ein heiliges Geheimnis ist »sacri quid«, wie Schelling einmal sagt, und daß sie sich deshalb nur einem ehrfurchtsvollen Auge erschließt.

Nun ist freilich nicht zu bezweifeln, daß jenes andere Ideal Bonaventuras zum mindesten in der Wegrichtung liegt, die von dieser Philosophie einer natürlichen Pietät eingeschlagen wird. Ja, man wird sogar zugeben müssen, daß die Philosophie, nach dem ihr einwohnenden Devotionsmoment, sich in diesem Hochideal der »philosophia vere christiana« Bonaventuras allererst vollendet.

Aber es besteht nun doch die große Schwierigkeit, daß nur wenige Geister und nur auserlesene Zeitalter dieses höchste Ideal einer im natürlich-übernatürlichen Sinne menschlichen Philosophie erreichen können. Und dadurch entstände dann die Gefahr, daß bei einem so strengen Maßstabe für das Wesen der Philosophie, wie ihn Bonaventura anlegen möchte, überhaupt keine gemeinsame Basis mehr übrig bliebe für alle diejenigen Philosophen, die außerhalb des streng übernatürlich-christlichen Bekenntnisses stehen.

Ein Ausweg aus dieser Schwierigkeit ist nur möglich, wenn man den Begriff der »philosophia christiana« so weit faßt, daß auch jene »philosophia naturaliter pia« mit in ihren

Wesensbereich einbezogen wird. Man müßte dann freilich zwischen einer »philosophia naturaliter christiana« und einer »philosophia naturaliter pia«, in der alle Geister sich vereinigen, die in Ehrfurcht nach den Tiefen der Wahrheit forschen und den philosophischen Reflexionsakt nicht prinzipiell ablösen von dem Devotionsakt der Pietät, der allen Menschen gemeinsam ist, die »eines guten Willens« sind. In diesem Sinne wäre dann z. B. auch Platon schon ein christlicher Philosoph, was keineswegs paradox ist, wenn man die »anima naturaliter christiana« Tertullians ernst zu nehmen gewillt ist.

Die eigentliche »philosophia christiana« wäre dann allerdings erst jene Philosophie, in der der menschliche Geist sich mit vollem Bewußtsein und Willen zu jener höchsten Ehrfurcht bekennt, die niemals bloß spontan erworben, sondern als »pius actus credulitatis« nur in der Form eines reinen Geschenkes der Gnade erfleht und empfangen werden kann. Es wäre das jene Philosophie, bei der der philosophierende Geist den philosophischen Reflexionsakt ganz und gar hineinbetten würde in den positiv-religiösen Glaubens- und Gebetsakt, um sich erst auf diese Weise streng zu sichern gegen alle jene Dämonen, die gerade im Erkenntnisakt des Geistes am ersten uns Menschen in jenen Abgrund hinabzustürzen drohen, in den schon der erste Mensch infolge der Sünde des Mißtrauens abgestürzt ist. Und nun brauchte man keineswegs etwas Entwürdigendes darin sehen, wenn man auf diese Philosophie wieder das so heiß erkämpfte »ancilla«-Bild anwenden wollte. Zwar wäre sie nicht die »Magd der Theologie« und auch nicht die servile

Dienerin der Theologen (in einem menschlichen, allzumenschlichen Sinne), sie wäre vielmehr die schlichte Dienerin des Glaubens (»ancilla fidei«), die sogar dem Glauben die Lampe der natürlichen Vernunft voraustragen dürfte (um auf ein zwar geistreiches, aber doch auch gehässiges Wort Kants anzuspielen).

Und man könnte sie dann sogar mit Ruhe als eine »gefesselte Philosophie« schmähen hören, weil man wüßte, daß sie gerade als »philosophia vincta« das höchste Ideal einer »philosophia invincibilis« darstellen würde und eben als solche das reine Ideal einer »philosophia maxime humana«, der gerade jene andere Philosophie der geistigen Beunruhigung in Permanenz als »philosophia maxime inhumana« faktisch doch durch alle Jahrhunderte hindurch, wenn auch ohne es zu wissen und zu wollen, zu dienen hätte und in Wirklichkeit auch immer dienen würde.

Wenn wir heute, von der Höhe des 20. Jahrhunderts aus, auf die Gesamtentwicklung der abendländischen Philosophie zurückschauen, dann stellen wir mit Erstaunen fest, daß die naturhaft fromme Philosophie der Antike ganz von selbst der Hochgestalt jener christlichen Philosophie des Mittelalters zustrebte, in der Thomas und Bonaventura die wunderbare Bogenspannung von Scholastik und Mystik darstellten. Von dieser erstaunlichen Höhe ist die Philosophie der Neuzeit allmählich hinabgeglitten, indem sie dem Pseudo-Ideal einer »philosophia separata« zustreben wollte. Hier liegt der Punkt, wo der Philosoph an der Umbruchstelle der zu Ende gegangenen liberalistischen Aera es wieder lernen muß, den philosophischen Reflexionsakt mit dem religiösen Devotionsakt in eine ganz enge Verbindung zu bringen. Die Zeiten dürften gekommen sein, wo auch der heutige Philosoph, ohne zu erröten, das Wort wieder wagen darf, das die größten Denker des Mittelalters mit aristokratischer Würde aussprechen konnten:

»Oro ut intelligam«.

## Aus: »Ein Abschiedswort« vom 18. Dezember 1939

Bereits am 16. Februar dieses Jahres habe ich mich nach der Morgenvorlesung von Ihnen auf dem Katheder verabschiedet. Eine dunkle Ahnung sagte mir damals, daß es das *letzte Mal* gewesen sei, wo ich zu Ihnen sprechen durfte.

Es kamen dann die schweren Leiden und die tiefen Dunkelheiten der mir von Gott geschenkten Krankheit ...

Zunächst danke ich Ihnen, *alle* meine lieben Schüler und Schülerinnen (denn nicht nur die Herren der Theologie sind es, an die ich mich wende, sondern die Schüler aller Fakultäten), für die stetige Treue und Liebe und Anhänglichkeit, mit der Sie mich in allen diesen Jahren meiner Münsterer Lehrtätigkeit beglückt haben. Ich werde Ihnen diese Treue von jenseits des Grabes her zu vergelten suchen, sobald ich einmal den Kampf überstanden habe. *Noch* lebe ich hier ganz im *Advent*, und vorab also müssen *Sie*, meine lieben Schüler und Schülerinnen, für mich um Kraft und Beharrlichkeit bitten. Denn ich bin ganz Opfer des Leidens ...

Mit immer größerem Erstaunen wird man beim Rückblick auf die letzten 150 Jahre erfüllt, wenn man sieht, wie erst einige wenige Geistesgestalten, dann aber immer größere Schichten der Intelligenz des Abendlandes die Tatsache zu wittern beginnen, daß die Zeit *ohne Christus* im letzten nicht jene Freiheit gebracht hat, die so manche sich von ihr versprochen hatten.

Eine gewisse Unseligkeit beginnt sich auf den Zügen dieser Intelligenz anzukündigen, und was diese Unseligkeit andeutet, das liegt alles beschlossen in dem tiefen Wort, das Augustinus einmal, ganz von der eigenen Erfahrung bestimmt, in den »Confessiones« geprägt hat.

*»Iussisti enim, deus, ut sibi ipse sit sua poena omnis inordinatus animus.« – »Du hast es so geordnet, o Gott, daß sich selbst zur Strafe wird ein jeder ungeordnete Geist.«*

Die Intelligenz des Abendlandes bestätigt, ohne es zu wollen, in den schweren Geisteskämpfen des 19. und 20. Jahrhunderts diesen tiefen, erschütternd tiefen Gedanken Augustins.

Eine ganze Schar von *Scheiternden* wird seit der Romantik in Europa sichtbar, und die Zahl dieser scheiternden Intelligenz mehrt sich, je näher wir herankommen an die Schwelle unserer Zeit. Diese Scheiternden aber scheitern alle an dem Problem »Gott und Geist«, sei es nun, daß sie am Geiste und an Gott zugleich verzweifeln und so schließlich *an Gott selbst* scheitern, oder sei es, daß sie schließlich, die Ohnmacht des irdischen Geistes erkennend, sich so oder so in die Arme Gottes werfen. Nietzsche kann als Repräsentant der ersten Gruppe dienen, soweit *wir* seine Laufbahn verfolgen können. Kierkegaard gehört zu den Repräsentanten der zweiten Gruppe. Es kommt deshalb auch nicht von ungefähr, daß gerade der *Begriff des Scheiterns* in der Philosophie der Gegenwart eine so große Rolle spielt, und zwar in der schwer durchschaubaren Doppelsinnigkeit, in der er zwischen den beiden Gruppen der *an Gott* oder in *Gott hinein* Scheiternden hin- und herspielt.

*Adventsgedanken* also sind es, wie Sie sahen, die mich in den letzten Wochen, besonders in den langen schlaflosen Leidensnächten, von Grund auf erfüllten: Adventsgedanken als das tiefdringende »*Μετανοεῖτε*«, das seit den Tagen des alternden Goethe, seit den Tagen des Hölderlin und des Novalis und des Heinrich von Kleist, bis in unsere Gegenwart hinein, bis zu Heidegger und Jaspers und Karl Barth, die tiefer erlebenden Geister von innen her zu einer *großen Wende des Daseins* aufgerufen hat.

*Adventsgedanken* aber erlebe ich auch hier auf meinem Leidenslager in dem Sinne der *Freude an der Erfülltheit dessen,* was in dem »*Μετανοεῖτε*« als Gegenstand letzter Sehnsucht verborgen ist. Es *ist* ja schon da, meine lieben Schüler, wonach wir alle so sehnsuchtsvoll suchen.

*»Apparuit benignitas et humanitas salvatoris nostri.«*

Ich bin dem lieben Gott in meiner jetzigen Leidenszeit für zwei Dinge besonders dankbar.

1. Dafür, daß er mir immer deutlicher in meinem Leben die Wahrheit dessen, was es *um Christus* ist, hat sichtbar werden lassen.

2. Daß er mir auf dem Katheder in den neun Jahren meiner Münsterer Lehrtätigkeit die Kraft und die große Gnade verliehen hat, diese Wahrheit auch in *aller Öffentlichkeit zu bekennen.* Dieses Bekenntnis war, ich weiß es, oft sehr schwer, weil es gefahrvoll war. Aber: Ich habe auf die Gnade hin alles gewagt, und ich weiß jetzt: *»Non confundar in aeternum.«*

Und wenn Sie mich nun noch fragen sollten, bevor ich jetzt gehe und endgültig gehe, ob ich nicht einen Zauberschlüssel kenne, der einem das letzte Tor zur Weisheit des Lebens erschließen könne, dann würde ich Ihnen antworten: »Jawohl«. – Und zwar *ist* dieser Zauberschlüssel *nicht die Reflexion,* wie Sie es von einem Philosophen vielleicht erwarten möchten, sondern das *Gebet.* Das Gebet, als letzte Hingabe gefaßt, macht still, macht kindlich, macht objektiv. Ein Mensch wächst für mich in dem Maße immer tiefer hinein in den Raum der Humanität – nicht des Humanismus –, wie er zu beten imstande ist, wofern nur das *rechte Beten* gemeint ist. Gebet kennzeichnet alle letzte »Humilitas« des Geistes. Die großen Dinge des Daseins werden nur den betenden Geistern geschenkt. Beten lernen aber kann man am besten im *Leiden* . . .

Die aus Bd. IV der »Gesammelten Werke« abgedruckten
Seiten 273–293 wurden entnommen der Originalausgabe: Peter Wust,
»Ungewißheit und Wagnis« Kösel Verlag München.
7. Auflage 1962.